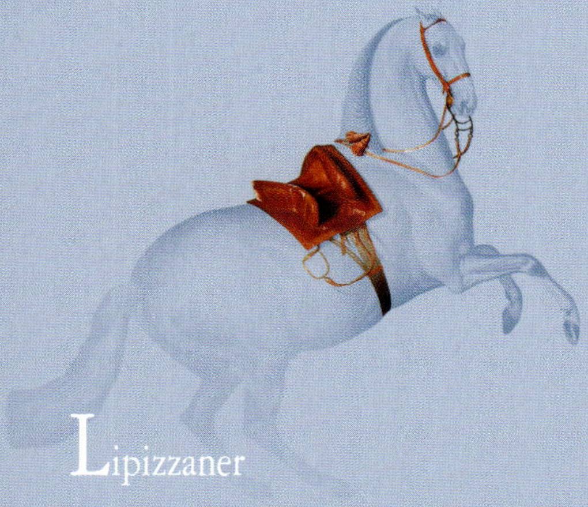

Lipizzaner

LIPIZZANER

Auf den Spuren der ältesten Kulturpferderasse

von Martin Haller

CADMOS
PFERDEBÜCHER

Layout und Satz: Ravenstein + Partner, Verden
Titelfoto: Blaha
Druck: Westermann Druck, Zwickau

Printed in Germany

ISBN 3-86127-384-5

Inhalt

Vorwort 6

Die Geschichte

Anfänge und bewegte Zeiten 7

Auf karstigen Hügeln 7
Die hohe Zeit 9
Edle Hengste 11
Ein Korse und schicksalhafte Wanderjahre 13
Frisches Blut 13
Am Vorabend des Ersten Weltkrieges 15
Das Laxenburger Intermezzo 16
Piber im Wandel der Zeiten 17
Das Sammelbecken Hostau 19
Dramatische Flucht 20
Ein glückliches Ende 21

Die Zucht

Von Genen und Familien 23

Wieder daheim 23
Von Namen und Bränden 25
Die Stammväter 27
Tulipan und Incitato 29
Die Stutenfamilien 30
Die internationale Lipizzanerzucht 31
Bedeutende Gestüte 34
Die „Lipizzaner-Seuche“ 42
Das Spiel der Gene 43
Wer hat die Lipizzaner erfunden? 45

Die Praxis

Hinweise zu Kauf, Haltung und Ausbildung 47

Das Exterieur des Lipizzaners 48
Tipps für den Kauf eines Lipizzaners 50
Das Problem Hengst 52
Gibt es nervige Lipizzaner? 54
Die Intelligenz des Lipizzaners 55
Härte und Genügsamkeit 56
Das Schimmel-Melanom 58
Von der Bedeutung einer langsamen Ausbildung ... 59

Die klassische Reitkunst

Die Spanische Reitschule zu Wien 61

Ein Reitplatz im Herzen Wiens 61
Die barocke Reithalle 62
Die Sommerreitschule 64
Offiziere, Beamte und Tierärzte 65
Von der Weide zur Levade 66
Die Schulen über der Erde 67
Zweispitz und Frack 70
Schulsattel und Schabracke 71
Kappzaum und Kandare 72
Im Rampenlicht 73
Das Lipizzaner-Museum 77

Danksagung 78

Die Faszination einer frei laufenden Stutenherde – nirgendwo wird diese so bewusst wie in Lipizza, der Wiege der ältesten und berühmtesten Kulturpferderasse. Foto: Henric F. J. Brabec d'Ipra

Vorwort

„Die Herren Lipizzaner"
nannte der Dichter Peter Hammerschlag in den Dreißigerjahren des 20. Jahrhunderts jene Pferde, die zur Versorgung der Habsburger Hofhaltungen mit erstklassigen Reit- und Wagenpferden seit 1580 im Hofgestüt zu Lippiza (alte Schreibweise vor 1918) im Karste gezüchtet wurden. Damit drückte Hammerschlag aus, was der echte Wiener noch heute empfindet: Dass nämlich jeder Lipizzaner aufgrund seiner historischen Nähe zum Kaiserhaus eine angeborene und legale Würde besitzt. Sie allein schon berechtigt ihn zum Führen der höchsten Adelstitel, waren doch seine unmittelbaren Vorfahren mit dem Kaiserhaus auf du und du!

In Wien gibt es ein traditionelles Sprichwort, das ein großes Körnchen Wahrheit enthält: *„Jeder Wiener möchte seine Jugend als Sängerknabe verbringen, nach dem Stimmbruch ein Lipizzaner sein und als Hofrat pensioniert werden."*

„Brav, geduldig, nobel, treu" – das sind Eigenschaften, die man allerorts an einem Pferd zu schätzen weiß. Sie versinnbildlichen die wahren Werte und treffen unfehlbar auf jeden Lipizzaner zu. Manchmal gibt auch der Lipizzaner seinem Besitzer das eine oder andere Rätsel auf, seine Ausbildung fordert, wie die jedes anderen Pferdes, Zeit und Geduld, doch das gehört zum Leben: wo viel Licht ist, ist auch etwas Schatten, das weiß man schließlich. Aber Österreich ohne die Lipizzaner – völlig undenkbar!

Mittlerweile bewahren auch andere Länder die edle Rasse, entweder aus Tradition oder einfach deshalb, weil Lipizzaner gute – und gut verkäufliche – Pferde sind.

Die Zucht dieser Rasse ist heute über viele Länder der Erde verstreut, ja sogar in Südafrika und Amerika gibt es Lipizzanergestüte. Die Nachfolgestaaten der Doppelmonarchie Österreich-Ungarn führten die Zucht auch während harter politischer Zeiten fort und sind heute zu Recht stolz darauf.

So ist die Lipizzanerrasse eine wahrhaft internationale geworden, obwohl sie in den Augen der Welt ganz besonders und völlig untrennbar mit der Spanischen Reitschule zu Wien verbunden ist, die zugleich auch ihren Ruf in alle Welt hinaus trägt.

Die Geschichte

Anfänge und bewegte Zeiten

Auf karstigen Hügeln

Die verwahrloste Domäne Lipica des Triester Bischofs Coret, mit einem angeschlossenen, kleinen Gestüt, lag auf karstigen Hügeln, umgeben von rauem Gelände und von Stürmen gepeitscht. Der Name bedeutet „Kleine Linde“, denn ursprünglich gab es hier eine Weinschenke gleichen Namens. Ein paar Kolonen-Familien (Kolonen: Siedler, Kolonisten) bestellten das Land und vegetierten auf dem unfruchtbaren Boden dahin. Als 1576 Erzherzog Karl von Innerösterreich nach Triest kam, erfuhr er, dass gerade hier von alters her ein besonders zäher, schneller Pferdeschlag gezüchtet wurde, den schon die Römer gerne für Wagenrennen verwendeten und der als Streitross der Ritter geschätzt war.

Karl beabsichtigte, für seinen Hof in Graz und auch für das Stammhaus in Wien edle Pferde nach spanischem Vorbild zu züchten, und

war auf der Suche nach einem geeigneten Ort dafür. Am 19. Mai 1580 unterschrieb er den Kaufvertrag für Lipica und damit war das Hofgestüt Realität.

Man renovierte, legte Weideflächen an, bohrte Brunnen, siedelte die Bauern ab und brachte pferdekundiges Personal unter dem Gestütsmeister Franz Jurko hierher. Es fehlten eigentlich nur noch die Zuchtpferde aus Spanien, aber die besorgte in Karls Auftrag der Baron Johann Khevenhüller: drei edle Hengste noch im selben Jahr, dann weitere sechs Hengste und 24 Stuten im nächsten. 1585 war der Gestütsbetrieb bestens gewährleistet, und bald konnte man an eine Erweiterung denken. 1594 wurde ein benachbarter Besitz erworben, dann 1629 die Bergweide von Jurisic gepachtet. Bald gedieh das Gestüt prächtig. Rund 100 Jahre nach der Gestütsgründung, 1689, schrieb der Historiker Johann Weichard Freiherr von Valvasor über Lipizza:

Ein Nachfahre des Barons Johann Khevenhüller thront noch heute hoch zu Ross auf dem Denkmal der Maria Theresia in Wien. Foto: Haller

Spanische Pferde waren in der Barockzeit begehrte höfische Reitpferde: die Gründungspopulation des Gestüts von Lipizza geht auf Pferde dieses Typs zurück. Stich von Johann Elias Ridinger

Ein moderner Vertreter der Rasse PRE – häufig auch Andalusier genannt. Foto: Millan-Ruiz

„Unter anderem ließ er (Karl II.) anno 1580 auf dem Karst im Dorf Lipitza einen Marstall und Stuterey einrichten, allda die besten Pferde gezogen und dem keyserlichen Hofe zugeführt werden. Es sind die auserwähltesten und dauerhaftesten Pferde, die man findet, sie gehen und weiden auf lauter harten Steinen, da gar wenig Gras wächst."

Die hohe Zeit

Karls Nachfolger als Regent von Steiermark, Kärnten, Krain, Görz, Istrien und Triest wurde sein Sohn Ferdinand, der die Bemühungen seines Vaters weiterführte. Eine nächste Blüte erlebte das Gestüt während der zweiten Hälfte des 17. Jahrhunderts unter Kaiser Leopold I. Dieser verfasste 1658 ein Schriftstück an den obersten Stallmeister in Lipizza, das in 23 Punkten genaue Richtlinien für die Zuchtverbesserung enthielt. Während seiner langen Regierungs-

Als Vorbild für die Reiterstatue des Prinzen Eugen in Wien diente ein reinrassiger Lipizzaner. Foto: Haller

zeit (1657-1705) bemühte sich der bedeutende Barockkaiser stark um Kunst und Kultur, aber auch um das Gedeihen der Gestüte. Der Bedarf an Reit- und Wagenpferden für alle Arten der höfischen und militärischen Verwendung stieg unter seiner Regentschaft rasch an. Im böhmischen Kladrub, das sogar noch ein paar Jahre älter ist als Lipizza, züchtete man ebenfalls spanische Pferde, die später mit neapolitanischem Blut zu einem dem Lipizzaner ähnlichen, aber kräftigeren Wagentyp geformt wurden. Auch in der Umgebung Lipizzas gab es Privatgestüte wie das der Grafen Auersperg in Adelsberg. Es wurde um 1711 zunächst für Lipizza gepachtet und 1718 dann auf kaiserlichen Befehl zugekauft, womit die Heuversorgung des angewachsenen Hofgestütes wieder gesichert war. Die Ära Karls VI. brach an, und damit begann die eigentliche hohe Zeit der Lipizzaner Pferde durch deren bis heute untrennbare Verbindung mit der 1735 fertiggestellten Winterreitschule in Wien.

Lipizza erlebte unter Maria Theresia eine gute Zeit, der Bestand wuchs weiter an und man verwies stolz auf rund 200 Mutterstuten. Die Kaiserin zahlte mehrmals große Summen aus der Kammerkasse an die Gestütsleitung, um damit besondere Bedürfnisse abzudecken. Unter ihrer und ihres Sohnes (Josef II.) Herrschaft wurden auch weitere berühmte Gestüte in der Donaumonarchie angelegt, so zum Beispiel Bábolna und Mezöhegyes in Ungarn.

Josef II. erlag jedoch nicht der Versuchung, die Lipizzaner aus Gründen der Ersparnis in das Gestüt Koptschan im galizischen Holic zu verlegen, wie ihm der Hofbeamte Breindl damals vorschlug. Solche Versuche, das Gestüt zu reduzieren und auf Kosten der Lipizzanerzucht Geld zu sparen, gab es im Laufe der Jahre wiederholt,

Der Schimmelhengst Neput verkörperte den Idealtyp des Lipizzaners der Barockzeit. Gemälde von George Hamilton, Foto: Henric F. J. Brabec d'Ipra

doch zum Glück misslangen sie sämtlich. Erst Kaiser Franz Josef beendete ein für alle Mal diese kleinlichen Diskussionen und verfügte, dass die Pferde dort zu bleiben hätten, wo sie schon immer so prächtig gediehen.

Edle Hengste

Eine größere Anzahl von Jungpferden aus Lipizza wurde von Anfang an regelmäßig zunächst vom Hof in Graz, bereits ab 1619 aber auch vom Wiener Hof bezogen. Die zuchttauglichen Hengste wurden im Gestüt einer Grundschule unterzogen und gingen dann zur Leistungsprüfung an den „Spanischen Reitstall" in Wien. Die Überzähligen wurden an andere Gestüte oder in die Landeszucht verkauft. Zuchtuntaugliche Tiere wurden an die Kaiserlichen Marställe als Gebrauchspferde abgegeben, die besten Stuten im Gestüt zur Zucht behalten.

Hof, Adel und Militär schätzten an den spanisch geprägten Lipizzanern ihre Ausdauer und Gesundheit, aber auch ihre Noblesse in Aussehen und Wesen und ihre stolzen Bewegungen. Aus dem harten, schnellen Karstpferd, das schon im Imperium Romanum berühmt war, und dem edlen Genetten aus Spanien war ein erstklassiges Pferd barocken Zuschnittes geworden.

Immer wieder griff man in der Zucht auf iberische Pferde oder deren Abkömmlinge zurück, um den Charakter der Rasse zu erhalten und ihren Adel und ihre Rittigkeit, wenn möglich, noch zu steigern.

Alle Pferde iberischer Herkunft eignen sich auch heute noch vorzüglich als Paradepferde oder Luxusreitpferde. Foto: Slawik

Noblesse und Eleganz zeichnen den Lipizzaner als Abkömmling iberischer Pferde aus. Foto: Slawik

Die Reihe der eingesetzten Beschäler ist lang und aufschlussreich: Da kam zum Beispiel 1701 der Hengst Cordova aus Spanien, 1717 der Schimmel Lipp aus dem fürstlichen Gestüt Lippe-Bückeburg in Deutschland, und Montedoro und Toscanello vererbten ihre herrliche Farbe. Sie und zahlreiche andere durften, nach strenger Auswahl, die Stuten beglücken, doch nur wenigen Hengsten war es im Laufe der Jahrzehnte vergönnt, bleibende Linien oder Stämme zu begründen.

Die Entstehung der heute noch bestehenden klassischen Hengstlinien erfolgte durch die Verwendung von sechs herausragenden Vatertieren, welche sämtlich zwischen 1765 und 1819 geboren wurden.

Man kennt sie auf der ganzen Welt: die dänischen Plutos, die italienischen Conversanos und Neapolitanos, die böhmischen Maestosos, die Kladruber Favorys und die arabischen Siglavys. Weniger bekannt sind ihre zwei „bürgerlichen Vettern", die Tulipans und Incitatos, die eine wertvolle Genreserve darstellen, aber nicht zu den klassischen Stämmen zählen.

Etwa ab 1565 nahm sich der Wiener Hof der Pflege der klassischen Reitkunst an, zuerst noch auf den großen Reitplätzen in der Nähe der kaiserlichen Burg, später dann – als man schon über eine gedeckte Reitbahn verfügte – unter dem Schutz eines Daches. 1572 wurde die so genannte „Spanische Reitschule" gegründet, als höfische Einrichtung für Adel und Militär. Das heutige Gebäude, wohl eines der schönsten Reithäuser der Welt, entstand 1735. Bei seiner Eröffnung nahmen nicht weniger als 54 Hengste aus Lipizza teil, eine eindrucksvolle Bestätigung der hohen Qualität der damaligen Zuchtpopulation.

Ein Korse und schicksalhafte Wanderjahre

Napoleon Bonaparte stellte für die Pferdezuchten der von ihm eroberten Länder eine fürchterliche Bedrohung dar. Auf sein Konto gehen zahlreiche Gestütsauflösungen und Zerstörungen, und auch Lipizza blieb davon nicht verschont.

Im März 1797 musste erstmals das gesamte Gestüt vor den anrückenden Franzosen nach Stuhlweißenburg (heute: Székesfehérvár) in Ungarn evakuiert werden. Die Pferde überstanden den mehrwöchigen Marsch und die anschließende sechsmonatige Evakuierung ohne Verluste, ein Beweis ihrer Härte und Anpassungsfähigkeit. Nach der Rückkehr fand man das Gestüt in Trümmern vor, zudem war viel unersetzliches Archivmaterial vernichtet worden. Kaum war der Wiederaufbau nach über vier Jahren abgeschlossen, da verwüstete das große Erdbeben vom Januar 1802 erneut die Anlagen und tötete viele der besten Pferde.

Nur eine dreijährige Atempause war Lipizza vergönnt, dann hieß es 1805 wieder vor Napoleon ausrücken, diesmal nach Djakovo (damals Djakovar) in Slawonien. Ein entsetzlich mühseliger Marsch setzte Tieren und Menschen hart zu, doch man kam ohne Verluste an. Bald jedoch forderte ein erneuter Schicksalsschlag Menschen und Tiere heraus: eine Feuersbrunst im Stutenstall konnte gerade noch glimpflich unter Kontrolle gebracht werden. Nach zwei Jahren kehrten die Pferde wieder heim, ohne wesentliche Verluste erlitten zu haben.

Der Friede von Schönbrunn von 1809 war ein erneutes Aufbruchssignal, denn der korsische Feldherr diktierte harte Bedingungen. Kärnten und Triest fielen an Frankreich, und Österreich wollte seine kostbaren Pferde nicht verlieren. Also brach man nach Ungarn auf, diesmal nach Mezöhegyes, Marschdauer 46 Tage. Dort, in der sumpfig-feuchten Theiss-Niederung, mussten die Tiere sechs lange Jahre ausharren, obwohl Klima und Boden ihnen gänzlich abträglich waren. Die Lipizzaner litten darunter, verloren ihre Härte, ihren Typ und ihre Gesundheit und vegetierten dahin. Als man die Rasse bereits verloren glaubte, kam 1815 die Erlösung: Napoleon war bei Waterloo geschlagen worden und musste ins Exil, man konnte heimkehren.

Frisches Blut

Die Enttäuschung war allerdings groß, denn der französische Lehnsherr, General Marmont, und seine Pächter hatten böse gehaust. Alles war heruntergekommen und ausgeplündert, die Wälder waren abgeholzt und die Weiden kaputt. Doch mit viel Energie, wenn auch wenig Geld, denn Kaiser Franz I. war knapp bei Kasse, gelang der Wiederaufbau. Einiges zum Wiederaufschwung des Gestütes trug die Verwendung eines neuen Hengstes aus dem Stamm Maestoso bei, welcher der danieder liegenden Zucht frischen Atem einhauchte.

Der Hengststamm Maestoso stammte ursprünglich aus Kladrub. Foto: Slawik

Arabische Pferde sahen im 19. Jahrhundert noch etwas anders aus als heute. Stich von Johann Elias Ridinger

Zwar florierte Lipizza bald wieder, und der Hof bemühte sich um einen weiteren Ausbau der Domäne, doch die langen Kriege hatten die Staatskasse geleert. Wieder gab es Pläne zur Verlegung, die jedoch durch eine geschickte Verzögerungstaktik des 1835 gekrönten Kaisers Ferdinand I. vorläufig unterbunden und erst von Franz Josef I. nach seiner Inthronisierung 1848 endgültig und dauerhaft verworfen wurden. Dieser ordnete nun endlich eine groß angelegte Sanierung der Gestütsanlagen an, die 1852 mit dem Bau zweier Stutenställe, eines Reitpferdestalles, einer Schmiede, eines Krankenstalles sowie neuer Futterlager und Gesindewohnungen begann. Die Weiden wurden gedüngt, neue Brunnen ausgehoben und man forstete auf.

1880, zum 300jährigen Jubiläum, befand sich das Gestüt mit seinen Außenstellen in bestem Zustand und der Oberststallmeister gab voll Stolz ein Buch heraus mit dem Titel „Das K.K. Hofgestüt zu Lippiza 1580-1880".

1898 schließlich, anlässlich des 50-jährigen Regierungsjubiläums des Kaisers, wurde der so genannte Jubiläumsstall gebaut, der letzte der Habsburgerzeit. Das Gestüt umfasste nun, nach einigen Transaktionen, 1500 Hektar in einer arrondierten Scheibe und hielt ständig rund 300 Pferde. In der zweiten Hälfte des 19. Jahrhunderts wurde nach dem Erfolg der 1826 nach

Lipizza überstellten Araberhengste Siglavy, Tadmor und Gazlan nun auch ein orientalisierter Schlag des Lipizzaner Pferdes, der so genannte gemischte Karster, gezogen. Zwar konnte nur Siglavy eine dauerhafte Linie begründen (sie zählt seither zu den klassischen Stämmen), doch mit der Zeit erhielt die gesamte Population einen dosierten arabischen Blutanteil. Die gemischten Karster bewährten sich zwar nicht so gut für die hohe Schule wie ihre reinblütigen Vettern, waren aber etwas beweglicher und eleganter, weshalb man die Experimente als erfolgreich betrachtete.

Dennoch brachte das 19. Jahrhundert, mit der damals einsetzenden Flut von Araber-Importen, der Lipizzanerzucht nicht nur Gutes. Die starke Arabisierung jedoch, die manche Pferderasse zu jener Zeit erfuhr, blieb den Lipizzanern erspart, nicht zuletzt deshalb, weil sich angeblich die Mehrheit der Bereiter der Spanischen Hofreitschule vehement gegen diese „Blutauffrischung" der bewährten Schulhengste ausgesprochen hatte.

Am Vorabend des Ersten Weltkrieges

Die zur Zucht vorgesehenen Hengste wurden dreijährig in die Ausbildung übernommen und bis zum vierten Lebensjahr angeritten. Dann überstellte man sie nach Wien an die Spanische Hofreitschule zur weiteren Ausbildung und Leistungsprüfung.

Die zuchtuntauglichen Hengste wurden kastriert und noch ein Jahr geweidet, kamen dann aber nach Kladrub zur Gespannausbildung für den späteren Hofdienst, ebenso jene Stuten, die man nicht zur Zucht benötigte. Überzähliges Material wurde verkauft, sodass viele Lipizzaner in diverse Privatgestüte der östlichen Monarchie gelangten, wo sie teilweise den Grundstein für bedeutende Zuchtpopulationen bildeten. Auch in der Landespferdezucht, der Zucht außerhalb der Staats- und Hofgestüte, war eine recht große Zahl an Lipizzanern eingesetzt, die sich als hervorragende, leichte Wirtschaftspferde in der gesamten östlichen Reichshälfte bestens bewährten – und es in geringerem Maße in den Nachfolgestaaten noch heute tun.

Der Kaiser liebte seine Lipizzaner und verfügte, dass seine persönlichen Gespanne ausschließlich aus ihnen zusammengestellt werden sollten.

Die schweren Kladruber Vettern waren in erster Linie für Staatsanlässe und großen Prozessionen da, dies jedoch streng nach Farbe eingeteilt: Schimmel für erfreuliche Anlässe, Rappen für Trauerbegängnisse.

In den letzten Jahren vor dem Ersten Weltkrieg standen in Lipizza fünf Beschäler, 70 Stuten und deren Nachzucht. Das Gestüt blühte und der Kaiser hatte seine Freude daran. Der Thronfolger Erzherzog Ferdinand und seine Frau, die Herzogin von Hohenberg, sollen auch hin und wieder in die Spanische Hofreitschule gekommen sein. Das jedoch war, bevor sie sich entschlossen, in einem von Lipizzanern gezogenen Landauer von Schloss Miramar bei Triest abzureisen, um der Stadt Sarajevo einen Besuch abzustatten.

Kaiser Franz-Josef ließ seine Gespanne meist aus Lipizzanern zusammenstellen. Archiv Stelzel

Die Mutterstutenherde von Lipizza knapp vor dem Ersten Weltkrieg umfasste mehr als 70 Stuten. Originalaufnahme 1910: Archiv Haller

Noch heute fertigt die Wiener Porzellanmanufaktur Augarten einige Modelle aus der Spanischen Reitschule. Foto: Blaha

Argument lag darin, dass Lipizza mitsamt den Pferden zum persönlichen Privatbesitz des Kaiserhauses gehört habe und somit nicht Staatseigentum gewesen sei. Man schloss einen Kompromiss und teilte schließlich den Bestand.

Doch kein Ministerium der jungen Ersten Republik wollte sich mit einer scheinbar unnützen Reitschule und ihren Zuchtpferden belasten. Während einer hitzigen Ministerratssitzung im Jahr 1920 entfuhren dem Landwirtschaftsminister Josef Stöckler die Worte: „Na, wenn keiner die Schimmerln haben will, so nehm´ ich sie halt!" – und schon hatte er sie. Der Leiter der Schule, Rudolf Graf van der Straten, bedrängte Stöckler um eine Überstellung der Spanischen

Es gab Zeiten, in denen die Lipizzaner unter Futtermangel litten. Foto: Slawik

Das Laxenburger Intermezzo

Bald nachdem mit den unseligen Schüssen von Sarajevo der Erste Weltkrieg seinen Anfang genommen hatte, erfuhr auch die Lipizzanerzucht drastische Veränderungen. Als Italien in den Krieg eintrat, wurde die Evakuierung der rund 300 Pferde aus Lipizza angeordnet. Die Mutterstuten und jungen Stuten kamen nach Schloss Laxenburg bei Wien, die übrigen Jungpferde nach Kladrub in Böhmen. Leider eignete sich Laxenburg überhaupt nicht als Zuchtstätte und dementsprechend minderwertig fielen die Produkte aus, welche in der Emigration entstanden. Die Trächtigkeitsquote sank, Typ und Gesundheit litten erheblichen Schaden und bei Kriegsende war die Zukunft der Lipizzaner eine höchst ungewisse. Nun, da Österreich um das nackte Überleben kämpfte, wurde der weißen Herde auch von der Bevölkerung wenig Verständnis entgegen gebracht. Man dachte sogar an eine Massenschlachtung, welche der engagierte steirische Dichter Peter Klöpfer im letzten Augenblick verhindern konnte. Auch ein geplanter Verkauf des Gestütes kam nicht zustande.

Italien trat nach Kriegsende auf den Plan und verlangte nunmehr, da Lipizza auf italienischem Staatsgebiet lag, die Herausgabe der Pferde. Es bedurfte geschickter Verhandlungen, die vor allem von Max Wladimir Freiherr von Beck, damaliger Präsident des Rechnungshofes, geführt wurden, dass Österreich zumindest einen Teil der weißen Herde behalten durfte. Becks

Schloss und Gestüt Piber liegen in der Hügellandschaft der Weststeiermark. Foto: Blaha

Reitschule in die Zuständigkeit des Landwirtschaftlichen Amtes (heute Landwirtschaftsministerium) und sorgte so dafür, dass auch die Schulhengste ausreichendes Futter erhielten: Dieses wird ihnen von dort bis heute gerne gewährt.

Nun musste sich Stöckler auf die Suche nach einer geeigneten Dauerbleibe für die ehemaligen Kaiserschimmel machen, die ja nicht ewig in Laxenburg bleiben konnten, wo sie sich gar nicht wohl fühlten. Die Wahl des Bauernsohnes Stöckler, der wusste, wo Pferde gedeihen, fiel auf das Gestüt Piber bei Köflach in der Steiermark. Diese Entscheidung sollte sich als goldrichtig herausstellen, denn unter der Leitung des ehemaligen Regimentstierarztes Dr. Besel gedieh die Zucht bald wieder prächtig – so sehr, dass man 1928 eine hundertprozentige Trächtigkeitsquote zu vermelden hatte!

Diese Phase der relativen Ruhe und des Neuaufbaues sollte jedoch leider nicht allzu lange währen, denn von Deutschland aus hatte sich ein neuer Unruheherd ausgebreitet, der die kleine Alpenrepublik wieder einmal ins Unglück stürzen sollte.

Piber im Wandel der Zeiten

Piber ist ein kleiner Ort bei Köflach, im steirischen Kohlerevier, etwa 20 Kilometer westlich der Landeshauptstadt Graz. Das Dorf, dessen Name vermutlich auf die einst in den Bächen zahlreich vorkommenden Biber zurückgeht, hat eine lange Geschichte. Schon lange vor der Zeitenwende siedelten hier die keltischen Taurisker, denen norische Völker und schließlich die Römer folgten. Früh christianisiert, wurde die Gegend zu einem Zentrum des neuen Glaubens und erhielt um 1066 den Status einer Pfarre, die den Benediktinern von St. Lambrecht angegliedert wurde. Die 900-jährige romanische Kirche von Piber mit ihrem im Barock aufgesetzten Zwiebelturm ist demzufolge die älteste auf weststeirischem Boden.

Ursprünglich den Herren von Eppenstein gehörig, wurde das Dorf vor rund 1000 Jahren den Herren von Piber überantwortet. Es folg-

Der bedeutende Renaissancebau des Schlosses geht auf den Italiener Domenico Sciassa zurück. Foto: Blaha

ten Jahrhunderte des Streites zwischen den Benediktinern von St. Lambrecht und den Salzburger Erzbischöfen, die beide Piber beanspruchten und sich erst 1418 aussöhnten.

Die Reformation erfasste auch die Steiermark und die Region von Piber wurde eines der Zentren der Bewegung. Etwas später wurde der berühmte italienische Architekt Domenico Sciassia mit dem Bau eines Renaissance-Schlosses beauftragt, der – die Angaben schwanken etwas – etwa zwischen 1696 und 1716 ausgeführt wurde. Doch das Kloster von Piber entsprach nicht den Vorstellungen des Reformkaisers Josef II., der es 1786 auflösen ließ und dem steirischen Religionsfonds unterstellte.

Kurz nach dem Tod des Kaisers wurde die Domäne Piber zum Militärgestüt gemacht, das nun in relativer Bedeutungslosigkeit einen Remontenjahrgang nach dem anderen an die Armee ablieferte. 1858 wurde es zum Staatsgestüt und lieferte fortan Lipizzaner vom Wirtschaftstyp für die Landeszucht in der östlichen Reichshälfte, was auch gut gelang. Als man 1867 aus dem Kaiserreich Österreich die österreichisch-ungarische Doppelmonarchie machte, wurde alles umgekrempelt. Piber wurde 1869 einer vom Wiener Landwirtschaftsministerium gelenkten Zivilverwaltung unterstellt. Diese warf die Lipizzaner sofort hinaus und beging nun mit typisch österreichischem Eifer jeden nur erdenklichen Fehler, der in der Pferdezucht überhaupt gemacht werden konnte. Man wechselte mehrmals das Zuchtziel und den Gestütsbestand, ließ unqualifiziertes Zivilpersonal unter erbärmlichen Bedingungen werken und gab verwirrende Anordnungen ohne übergeordneten Sinn und Zweck. Das Chaos regierte in

Das alte Staatsgestüt Radautz verwendete zahlreiche Lipizzaner-Beschäler, auch von brauner Farbe. Archiv Haller

einem derartigen Ausmaß, dass sich internationale Hippologen, wie etwa der berühmte Graf Wrangel, nur mehr zu resigniertem Kopfschütteln aufraffen konnten: *„Piber ist das Experimentierfeld der in Wien am grünen Tisch sitzenden Herren Zuchtgelehrten.“*

Zeitweilige züchterische Lichtblicke (der Hengst Przedswit etwa), durch Glück, Zufall oder momentane Tüchtigkeit errungen, wurden umgehend von Wien zunichte gemacht und das Gestüt Piber wurde schließlich 1879 in ein Remontendepot umgewandelt, also aufgelöst.

1890 wurde es als Zuchtbetrieb des Ackerbauministeriums wieder eröffnet und lieferte nach Radautzer Vorbild, und mit von dort übernommenem Material, englisch-orientalisches Halbblut für den Militärbedarf. Und so blieb es bis zum Krieg.

Das Sammelbecken Hostau

Österreich wurde 1938 „heim ins Reich geholt“, und wie viele zivile Einrichtungen wurden auch die Spanische Reitschule und Piber nun forschen Schrittes militarisiert. Die Schule wurde der Wehrmacht angegliedert, ihr Leiter Rudolf Graf van der Straten durch Major Alois Podhajsky ersetzt und Piber der Preußischen Reichsgestütsverwaltung unterstellt. Die Lipizzaner mussten schließlich 1942 weichen und wurden in das böhmische Gestüt Hostau verlegt, um der Tragtieraufzucht für die Armee Platz zu machen.

Das weitläufige und bestens ausgestattete Gestüt von Hostau lag im malerischen Dörfchen gleichen Namens, kaum 40 Kilometer von der bayerischen Grenze entfernt. Ursprünglich ein Besitz des Geschlechts Trauttmannsdorff in der Größe von rund 460 Hektar, war es im Ersten Weltkrieg zum Exil des Radautzer Gestütes geworden, danach vom tschechoslowakischen Staat als Gestüt betrieben worden, und sollte nun zu einem riesigen Sammelgestüt für Lipizzaner, Rennpferde und Araber werden.

Unter dem Kommando des Oberstleutnants Hubert Rudofsky und dessen Stabstierarztes, Dr. Rudolf Lessing, wurden hier, in relativer Sicherheit, die wertvollsten Pferdebestände der eroberten Gebiete konzentriert. Neben den Lipizzanern befanden sich hier auch hervorragende Vollblüter und Traber und gegen Kriegsende eine beachtliche Zahl kostbarer russischer Pferde aus dem fürstlichen Gestüt Amassow.

Ab dem Jahre 1942 standen hier 103 Lipizzaner aus Piber (drei Deckhengste, 35 Mutterstuten und 45 Jungpferde), 180 Lipizzaner

Oberstleutnant Rudofsky und Frau Vera Podhajsky in Hostau 1943. Archiv Brabenetz

Die Flucht der Lipizzanerherde aus Hostau verlief weitaus dramatischer als der heutige Weideaustrieb. Foto: Blaha

aus Lipizza (sechs Deckhengste, 53 Mutterstuten, 121 Jungpferde) sowie 33 Lipizzaner aus Demir Kapija und einige Pferde, die aus Privatbesitz oder anderen Gestüten angekauft worden waren (Angaben nach Kugler, G. und Biehl W.: Die Lipizzaner der Spanischen Hofreitschule, Wien 2002).

Dies war eine beachtliche Herde von einigen Hundert Lipizzanern, darunter die besten ihrer Rasse! Nur während dreier Decksaisons konnte die historisch einmalige Gelegenheit des Blutaustausches innerhalb der genetisch so engen Lipizzanerzucht genützt werden, die Produkte waren jedoch hervorragend.

Dramatische Flucht

1945 wurde die Bedrohung durch die näher rückende russische Front immer konkreter und man suchte nach Möglichkeiten, die kostbare Herde zu retten. Berlin ordnete einen Verbleib in Hostau an, doch Rudofsky und Lessing waren sich, trotz des Soldaten-Eides, ihrer Verantwortung den unersetzlichen Tieren gegenüber bewusst. Sie suchten durch Vermittlung eines bis heute unbekannten deutschen Offiziers, Luftwaffen-Oberst Walter H., den Kontakt mit den im nahen Bayern stehenden Amerikanern unter Colonel Charles Reed. Dieser signalisierte Verständnis für die prekäre Lage der Pferdefreunde und zeigte darüber hinaus Interesse an einer leicht gemachten, fetten Beute in Gestalt kostbarer Pferde. Doch die Zeit drängte, denn es existierte nur mehr ein schmaler Korridor nach Bayern – die Rote Armee rückte rasch näher und man hörte bereits nahes Kanonenfeuer. Lessing handelte schließlich mit Rudofskys Einverständnis eine Übergabe aus, die in Form einer Scheineroberung vor sich gehen sollte. Reed benötigte dazu die Erlaubnis seines Kommandanten, General George Patton, der als Pferdemann rasch und unbürokratisch antwortete: *„Holt die Pferde raus, aber macht schnell!"* Beide, Reed und Patton wussten, dass sie damit gegen die Verträge von Jalta verstießen, aber auch, welches Schicksal den Lipizzanern in den Händen der Roten Armee blühen würde. Die Hengste der Budapester Spanischen Reitschule waren auf der Flucht kurz vor Wien eingeholt worden und hatten in sowjetischen Feldküchen geendet!

Nun wurde, heimlich und unter großen Schwierigkeiten, die Evakuierung der weißen Pferde vorbereitet: Worte wie Desertion und Hochverrat standen im Raum. Russland und die Tschechoslowakei interessierten sich plötzlich auffällig für das Gestüt. Darüber hinaus tauchte unerwartet ein verblendeter deutscher General auf, der Hostau bis zum letzten Mann verteidigen wollte, um einen Abtransport der Pferde zu verhindern. Lessing geriet in eine scheußliche Lage und wurde des Verrats bezichtigt, während Rudofsky seines Kommandos enthoben wurde. Endlich setzte sich der deutsche General, der die ganze Aktion beinahe verhindert hätte, wieder ab und am 28. April war es endlich soweit. Reed stieß mit einer kleinen Panzereinheit in das eigentlich an Russland gefallene Gebiet vor, überrannte eine SS-Einheit und „eroberte" Hostau, wo Rudofsky und Lessing bereits weiße Fahnen gehisst hatten. Doch die eigentliche Flucht stand noch bevor, denn man musste die Pferde erst aus dem russischen in den sicheren amerikanischen Sektor bringen.

Auf Lastautos und zu Fuß machte sich der Treck endlich am 15. Mai auf den Weg nach Westen. Nur Deckhengste und Mutterstuten mit jungen Fohlen fanden Platz auf den Lastautos. Die übrigen Pferde wurden nach Alter und Geschlecht in sechs Herden eingeteilt und von berittenen Hirten so gut es ging vorwärts getrieben. An der Grenze gab es einen letzten bedrohlichen Zwischenfall, als ein tschechischer Partisanentrupp den Übertritt mit Waffengewalt verhindern wollte. Kurzerhand drohte US-Offizier Quinlivan den vermummten Kriegern mit der sofortigen Erschießung, worauf diese klein beigaben, sodass auch dieses Problem unbürokratisch gelöst war.

Ein glückliches Ende

Die Pferde wurden im Bayerischen Wald bei Kötzting und Furth auf Bauernhöfen verstreut untergebracht. Oberstleutnant Rudofsky wurde auf freiem Fuß belassen und blieb freiwillig in Hostau zurück, da er Sudetendeutscher war und sich seine kranke Mutter ganz in der Nähe befand. Er wurde vom tschechischen Staat sofort schwersten Repressalien ausgesetzt, enteignet und später sogar zum Auswandern gezwungen. In Deutschland widmete er sich weiterhin den Pferden und war als Richter und Fachschriftsteller aktiv. Dr. Lessing widmete sich auch später den Lipizzanern und wurde 1991 zum Ehrenmitglied des deutschen Zuchtverbandes ernannt. Er lebt heute in Bremen.

Die Lipizzanerherde wurde wieder einmal aufgeteilt. Podhajsky hatte schon zuvor eine Besichtigung des Bestandes vorgenommen und General Patton auch um weiteren Schutz gebeten. Nun wurden rund 200 Lipizzaner in zwei Kolonnen am 18. und 25. Mai nach St. Martin in Oberösterreich gebracht und im benachbarten Wimsbach untergestellt. Der Bestand wurde zwischen den Zuchtländern aufgeteilt.

Die in Österreich verbliebenen Stuten befanden sich ganz in der Nähe des Exilquartiers der Spanischen Reitschule, man konnte daher in der Decksaison relativ einfach auf die erprobten Hengste zurückgreifen. Auch als die Schule im Jahre 1946 nach Wels in die alte Kavalleriekaserne übersiedelte, nützte man die geringe Entfernung zueinander. In den sieben Jahren des Exils kamen nicht weniger als 24 verschiedene Schulhengste zum Deckeinsatz; dennoch hatte man züchterische Probleme: Zu wenig Personal und zu kleine Weiden, aber auch die allmähliche Rückführung der Pferde nach Piber, besonders jedoch unvernünftige Verkäufe wertvoller Zuchtpferde zum Zwecke der Devisenbeschaffung fügten der österreichischen Lipizzanerzucht nachhaltigen Schaden zu.

Kein Geringerer als Walt Disney drehte 1962 den Film „Die Flucht der weißen Hengste". Der Streifen über die Rettung der Spanischen Reitschule aus dem kriegsgebeutelten Wien und die der Lipizzaner aus Hostau rief in Fachkreisen schon immer scharfe Kritik hervor, auch wenn er cineastisch gut gemacht war. Herz, Schmerz, Gefahr und Todesmut, dazu edle Hengste und kauzige Typen – der Film besaß alle notwendigen Ingredienzien eines Hollywoodschinkens. Robert Taylor verkörperte den Oberst Podhajsky, Lily Palmer, seine (damalige) Frau, Verena und kein geringerer als Curd Jürgens einen gutmütigen General.

Leider strotzt der Film vor Ungenauigkeiten und zum Teil bewusster Geschichtsverfälschung und sollte daher nicht als getreue Darstellung der Evakuierungen aus Wien und Hostau, sondern bloß als spannende Unterhaltung mit historischem Themenbezug aufgefasst werden. Disneys Drehbuchautor A. J. Carrothers hatte bewusst Podhajsky zum Retter der Pferde von Hostau hochstilisiert, weil dadurch der Film in den USA besser ankam. Die wahren, stillen Helden, Rudofsky und vor allem Lessing, blieben unerwähnt. Interessant ist jedoch, dass die

Heute führen die Piberer Zuchtstuten ein geruhsames Leben.
Foto: Blaha

Reitszenen tatsächlich von Podhajsky und seinen damaligen Bereitern – quasi als Statisten – ausgeführt wurden, denn Robert Taylor konnte zwar ganz gut reiten, allerdings nur im Westernstil. Als Hostauer Herde fungierten diverse Zuchttiere aus Lipizza, Djakovo und auch Österreich, allesamt Länder, in denen auch Teile des Films gedreht wurden. Der Hauptschauplatz für die Szenen der Flucht lag im Manövergebiet von Bruck an der Leitha in Niederösterreich.

Dr. Besel wurde nach einer kurzen ersten Direktionszeit von 1942 bis 1944 erneut zum Direktor von Piber berufen und blieb auf diesem Posten bis 1948. Er hatte die undankbare Aufgabe, das verlotterte Gestüt wieder aufzubauen. Von 1948 bis 1952 war Dr. Arnberger mit der Leitung betraut, von 1952 bis 1957 Dr. Stelzer. Dessen Nachfolger wurde Landstallmeister Dr. Heinrich Lehrner, der bis 1983 das Gestüt Piber führte. Sie alle hatten, durch die weite Entfernung zu Wien und das geringe Verständnis der Leiter der Spanischen Reitschule für die Zucht, stets Probleme mit der Auswahl und Beschaffung geeigneter Beschäler gehabt. Doch die scharfe Auslese in Wien, das gesunde Umfeld von Piber und die ständig anwachsende Popularität der Lipizzaner durch Podhajskys Werbefeldzüge und Tourneen halfen auch der Zucht.

Selbst wenn man in Piber längst nicht jeden Wunschhengst aus Wien zur Zucht einsetzen konnte, selbst wenn das Gestüt in jener Zeit nur der kleine Bruder der weltberühmten Spanischen Reitschule war – langsam geriet die Welt der österreichischen Lipizzanerzucht wieder in Ordnung.

Die Zucht

Von Genen und Familien

Wieder daheim

Klimatisch gesehen hat sich die Region um Piber als für die Lipizzanerzucht besonders günstig erwiesen, denn es bestehen durchaus gewisse Ähnlichkeiten mit Lipizza.

Auch in Piber findet man im Muttergestein reiche Kalkeinlagerungen, die tatsächlich vom Karst bis hierher reichen und die zur optimalen Skelettbildung der Pferde beitragen. Der Ort selbst liegt auf rund 450 Meter Seehöhe, die Gestütsweiden reichen bis in eine Höhe von rund 600 Metern und die Almen erreichen gar 1600 Meter Seehöhe. In Piber geht das Weststeirische Hügelland in die Alpen über.

Die weitläufigen Weidegründe des Gestütes Piber bieten ideale Aufzuchtmöglichkeiten. Foto: Blaha

Das Piberer Klima ist ein kontinentales, im Sommer trocken und nicht extrem heiß, im Winter aber kalt und schneereich. Auf den Almen fällt der Schnee bis tief in den Frühsommer hinein, und auch Gewitter sind häufig. Die Pferde sind diesen stimulierenden Temperaturreizen ausgesetzt und entwickeln dadurch eine besondere Widerstandskraft. Nur nächtens und bei extremer Witterung werden sie in luftigen Laufställen untergebracht und gefüttert.

Die Vegetation ist alpin und artenreich, dabei nicht allzu üppig, aber gerade deshalb sehr gesund für genügsame Pferde. Der Lipizzaner gedeiht am besten unter solchen Bedingungen, die ihm viel abverlangen und ihn abhärten. Die Landschaft ist hügelig bis bergig; besonders während der sommerlichen Alpung (das Weiden auf den Almen in hochalpinen Regionen) müssen die Jungpferde klettern und sich auf felsigen Hängen tummeln, wodurch ihr Bewegungsapparat nachhaltig gekräftigt wird.

Rund 400 Hektar Weiden und Wiesen, davon rund 150 Hektar Almweiden und rund 70 Hektar Ackerfläche für den Futteranbau, stehen in Piber zur Verfügung und decken damit den gesamten Futterbedarf des Gestütes und der Hofreitschule. Heu und Hafer aus kontrolliertem Anbau werden mit schonenden Techniken gewonnen, um damit ihre Qualität zu sichern.

Mutterstuten werden hier, wie auch in fast allen anderen Lipizzanergestüten Europas, in großen Freilaufställen gehalten und kommen erst wenige Tage vor dem Abfohlen in eigens dafür konstruierte Boxen im Gebärstall, danach aber, gemeinsam mit ihren Neugeborenen, bald wieder in den Herdenverband zurück. Zum Füttern werden sie an den langen Trögen angebunden, damit man die Futteraufnahme besser kontrollieren kann. Von April bis Ende Oktober weiden

In den großzügigen Laufställen von Piber wird auf peinliche Sauberkeit geachtet. Foto: Blaha

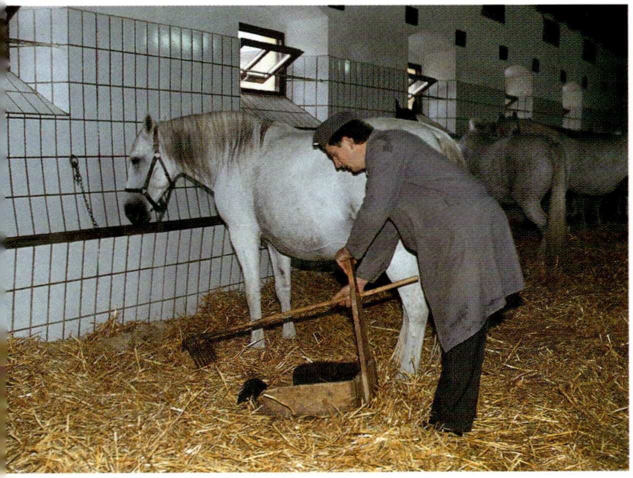

Das bestens geschulte Personal in Piber versteht es glänzend mit den Pferden umzugehen. Foto: Blaha

Alle zur Zucht bestimmten Stuten werden einer Leistungsprüfung im Geschirr unterzogen. Foto: Blaha

Mutterstuten täglich mit ihren Fohlen auf den etwas üppigeren Talweiden des Hauptgestütes, wo auch die Beschäler im Hengststall untergebracht sind. Im Winter werden tragende Stuten auf einer Trainingsbahn bewegt, dadurch wird ihre Gesundheit gefördert und ein komplikationsloser Geburtsverlauf unterstützt.

Die Fohlen werden generell im Herbst abgesetzt und kommen hierauf alle gemeinsam auf den Außenhof Kampl. Im Alter von etwa einem Jahr werden sie nach Geschlechtern getrennt und erstmals auf die Almen getrieben.

Jungstuten verbringen den Sommer auf der Brentalm, Junghengste auf der Stubalm, beide auf rund 1400 bis 1600 Meter Seehöhe, großteils jenseits der Baumgrenze. Nur nächtens werden sie in geräumigen Laufställen untergebracht und gefüttert, schließlich dürfen sie nicht ganz verwildern. Jeder Lipizzaner wird dreimal im Laufe seiner Jugendzeit gealpt, das garantiert die typische Zähheit und Vitalität für sein späteres Leben. Den Winter verbringen die Jungpferde bei bestem Futter auf den Außenhöfen Wilhelm (Hengste) und Reinthaler Hof (Stuten). Ausgewählte Hengste werden dann dreijährig in Piber angeritten und gehen nach der ersten Grundausbildung nach Wien, die Stuten hingegen werden eingefahren und vierjährig erstmals gedeckt.

Von Namen und Bränden

Die klassische Lipizzanerzucht beschränkt sich auf einige wenige Linien im männlichen Stamm und einige wenige Familien im weiblichen Stamm. Daneben existiert noch eine geringe Anzahl an Linien, die traditionell nicht zu den klassischen zählen, obwohl man sie heutzutage

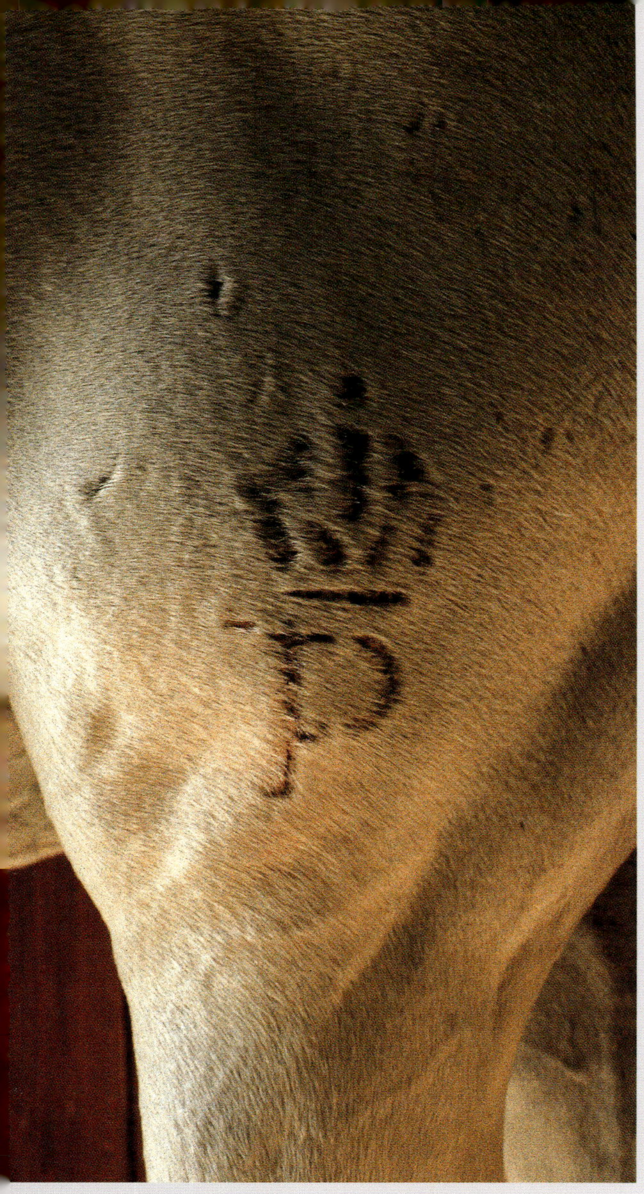

Der Gestütsbrand von Piber zeigt ein P mit der Kaiserkrone darüber. Foto: Blaha

international jenen gleichstellt. Jeder Lipizzanerhengst hat einen Doppelnamen, also zum Beispiel Maestoso Austria. Hengste führen den Stammnamen ihres Vaters als ersten Teil des eigenen Namens weiter, ihr zweiter Namensteil ist der Name der Mutter. Der oben angeführte Maestoso Austria ist also ein Sohn eines Hengstes aus dem Stamm (der Linie) Maestoso und der Stute Austria.

Jedes Fohlen erhält zudem noch mehrere Brandzeichen als lebenslange Identifizierungsmöglichkeit und den Beweis seiner Reinrassigkeit. Im österreichischen Piber wird insgesamt viermal ein schwach glühender Eisenstempel auf die Haut gedrückt, was aber keine Schmerzen, sondern nur etwas Qualm und einen kurzen Schrecken verursacht.

An der linken Ganasche wird ein kleines L angebracht, das als Rassebrand die Reinrassigkeit dokumentiert. In der linken Sattellage wird der Anfangsbuchstabe der Linie des Vaters gebrannt (früher auch dessen Hengstnummer), darunter das Symbol für den Muttervater. Jede Hengstlinie hat dazu seit langem ein eigenes Zeichen (siehe Grafik rechts). In die rechte Sattellage kommt die Fohlennummer, die fortlaufend vergeben wird. Am linken Hinterschenkel schließlich wird ein P mit der österreichischen Kaiserkrone darüber gebrannt, als Zeichen für das ehemalige Hofgestüt Piber.

Das System der Kennzeichnung durch Brände variiert von Land zu Land. Nur Lipizza und Piber brennen das L auf die Ganasche, die Symbole der Hengstlinien sind überall beinahe identisch, natürlich auch die Anfangsbuchstaben der Stämme. Die Nummernbrände sind nicht immer leicht durchschaubar und dienen zur Identifizierung im Falle eines Dokumentenverlustes. Die Abstammungsbrände sind jedoch überall nahezu gleich und verraten dem Kenner sofort, aus welchen Linien und Familien ein Lipizzaner stammt. Allerdings ist dazu die Kenntnis der Symbole notwendig.

Die Abstammungsbrände geben genaue Auskunft über die Vorfahren jedes Pferdes. Foto: Blaha

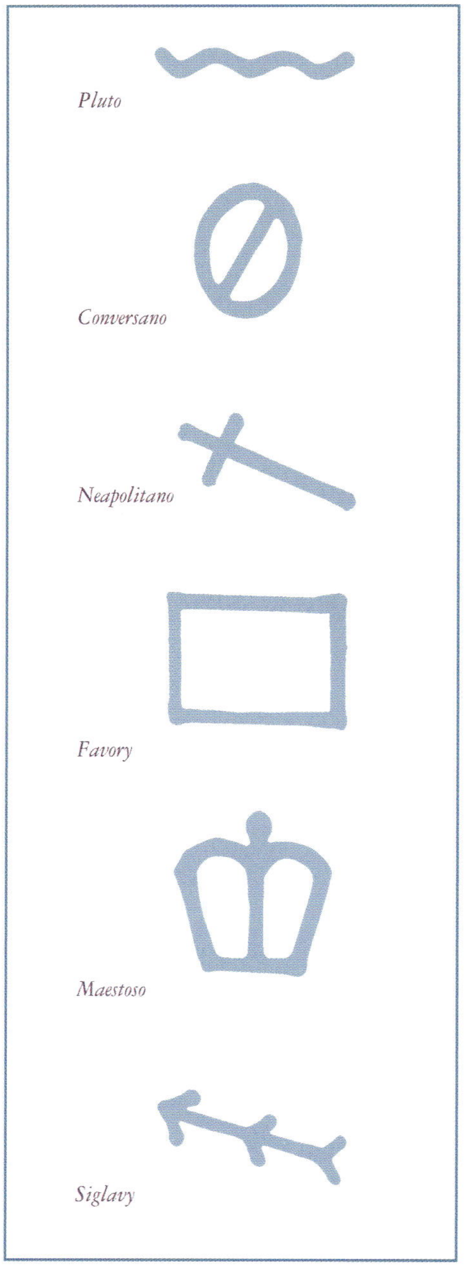

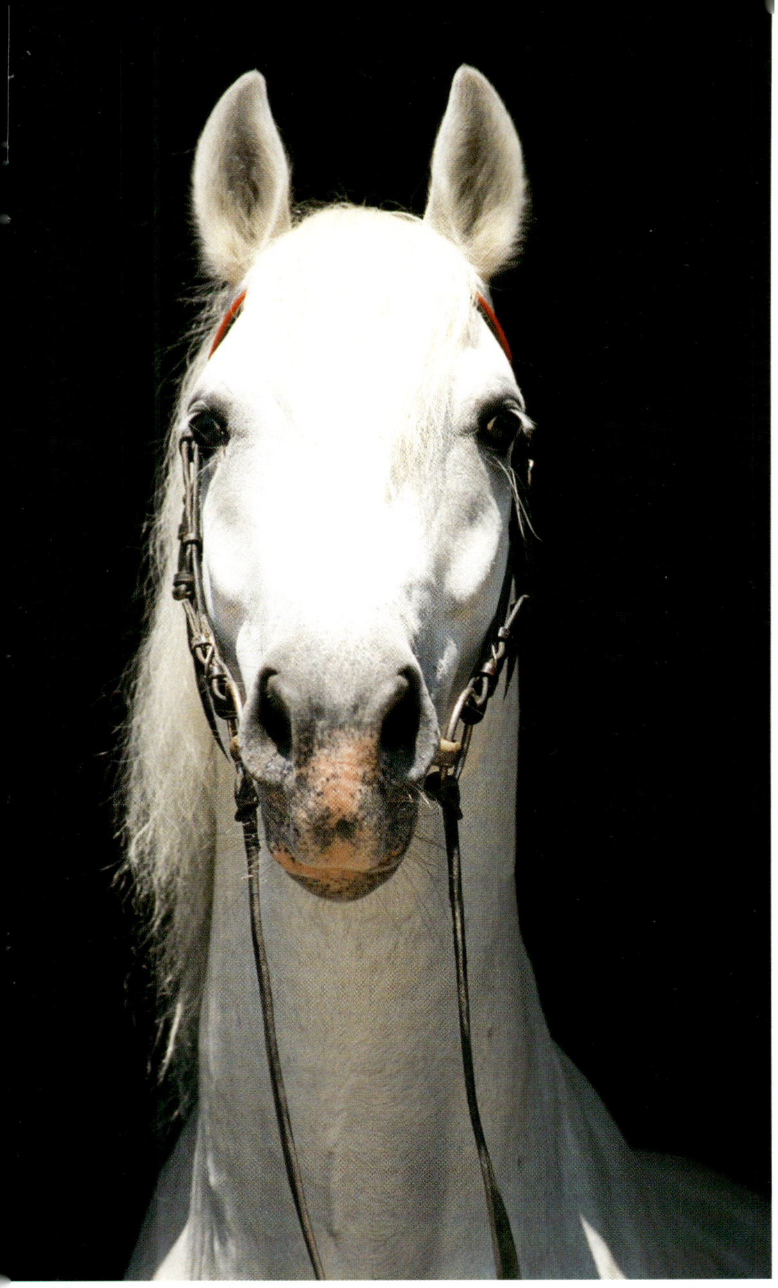

Pluto Allegra geht auf einen dänischen Stammhengst zurück. Foto: Slawik

Conversano Robina führt auf einen italienischen Stammvater zurück. Foto: Haller

Die Stammväter

Als Begründer der klassischen Linien gelten:

1. Pluto, geb. 1765, ein dänischer Schimmelhengst aus dem Gestüt Frederiksborg, wo iberisch-italienische Pferde gezogen wurden. Fünf dänische Hengste gelangten nach Lipizza, doch nur Pluto konnte sich durchsetzen. Die Plutos waren ursprünglich großrahmige, etwas derbe Typen, doch hat sich dies in Piber geändert, und nun sind sie von besonderer Noblesse.

2. Conversano, geb. 1767, ein Rapphengst aus Italien und der heute ausgestorbenen Rasse Neapolitaner angehörig, die iberische Wurzeln hatte. Die Conversanos sind mittelrahmige Pferde von gutem Charakter und aufgrund dessen sowie wegen ihrer eleganten Gänge bestens für die Schulen auf der Erde geeignet.

3. Maestoso, geb. 1773, ein Schimmelhengst aus dem Hofgestüt Kladrub in Böhmen. Seine Linie starb in Lipizza 1837 aus, man kaufte jedoch aus Ungarn den Hengst Maestoso X an, wodurch sie fortgeführt werden konnte. Maestosos sind oft große Pferde mit ebensolchen Köpfen. Raumgreifende Gänge und eine besondere Anlage zur Levade sind typisch.

Maestoso Allegra, dessen Stammvater ursprünglich aus Kladrub kam. Foto: Slawik

Favory Calma geht ursprünglich auf den Kladruber Falbhengst Favory zurück. Foto: Slawik

4. Favory, geb. 1779, war auch ein Hengst Kladruber Zucht, aus der damaligen Falbenherde, die längst nicht mehr besteht. Aus verwandten Rassen gezogen, fanden Kladruber stets guten Blutanschluss an ihre Vettern in Lipizza.

Die Favorys sind etwas leichter, dennoch barock im Typ, mit bestem Gangwerk und Fundament.

5. Neapolitano, geb. 1790, war ein Brauner und dazu Original-Italiener der längst ausgestorbenen Rasse Neapolitano, die auch auf eine iberische Komponente zurückging. Neapolitanos besitzen eine gute Oberlinie und schöne Gänge und werden deshalb gerne für die Schulen auf der Erde verwendet.

Der Name von Neapolitano Allegra weist auf seine italienische Abstammung hin. Foto: Slawik

Siglavy Alda lässt sich bis zum Araberhengst Siglavy zurück verfolgen. Foto: Archiv Haller

6. Siglavy, geb. 1810 in Syrien, 1816 importiert, war ein hochedler Araber, der in der österreichischen Zucht stark eingesetzt wurde. In Lipizza begründete er einen orientalisierten Stamm. Bis heute ist seine Linie eine sehr erfolgreiche. Siglavys sind etwas edler im Kopf und feiner im Bau und haben auch ein feuriges Temperament.

Die ursprünglich rein innerhalb der Stämme gezogenen Pferde besaßen alle typischen Eigenschaften ihrer Vorfahren. Das ist seit längerer Zeit nicht mehr der Fall, denn über die mütterliche Seite fließen mit jeder Generation Merkmale auch anderer Stämme oder Familien ein. Die typischen Points der im 18. und frühen 19. Jahrhundert entstandenen Stämme sind zwischenzeitlich völlig verschwommen. Die einzelnen Stämme sind nur mehr als genealogische Linien zu verstehen, ihre eigentümlichen Merkmale sind verwischt. Einzig der orientalische Typus des Siglavy-Stammes tritt manchmal deutlicher hervor, obwohl auch dieser nur mehr geringe Anteile arabischen Blutes in sich trägt.

Tulipan und Incitato

Die beiden Linien Tulipan und Incitato sind nahezu ausschließlich in Osteuropa verbreitet und weit weniger bekannt als ihre klassischen Vettern. Die Tulipans entstanden im Gestüt Teresovác des Grafen Jankovic, in der kroatischen Drau-Niederung. Dort wurden Pferde spanisch-neapolitanischer Abstammung gezogen und im 19. Jahrhundert mit Lipizzanern gekreuzt. So

Die Linien Tulipan und Incitato zählen nicht zu den klassischen Hengststämmen. Das Bild zeigt einen rumänischen Hengst des Tulipan-Stammes. Foto: Stanescu

Im Gestüt Piber sind alle klassischen Stutenfamilien vertreten. Foto: Blaha

entstand um 1880 die Tulipan-Linie, die weit über Kroatien hinaus auch in Ungarn, Jugoslawien und Rumänien verbreitet ist.

Der Stammvater der Incitato-Linie wurde 1802 im ungarischen Gestüt Mezöhegyes geboren und führte ebenfalls spanisch-italienisches Blut mit etwas orientalischem und Siebenbürger Einschlag. Die Linie entsprach in allen Merkmalen dem Lipizzaner, bewährte sich aber mehr als leichtes Nutzpferd denn als klassisches Reitpferd. Noch heute sind Incitatos in Ungarn und den beiden Nachfolgestaaten der CSSR zu finden.

In Österreich werden keine Hengste des Tulipan- oder Incitato-Stammes anerkannt oder züchterisch verwendet, da man sie nicht zu den klassischen Stämmen zählt.

Die Stutenfamilien

Neben den Hengstlinien gibt es schon seit langem auch Stutenfamilien, die ebenfalls auf einzelne Gründertiere, die so genannten Stammstuten, zurückgehen.

In Lipizza entstanden 18 derartige Familien, von denen drei – orientalische – heute nicht mehr existieren. In anderen Ländern und Gestüten wurden im Laufe der Zeit noch weitere Stutenfamilien gebildet, die aber, ebenso wie die Hengstlinien Tulipan und Incitato, nicht als originär gelten. Sie alle, ob klassisch oder nicht, sind wertvolle Bestandteile jeder gezielten Anpaarung und von großer Bedeutung in der übernationalen Lipizzanerzucht.

Die klassischen Stutenfamilien des Hofgestütes heißen:

Sardinia, Spadiglia, Argentina, Africa, Almerina, Bradamante, Englanderia, Europa, Fistula, Ivanka, Deflorata, Gidrane, Djebrin, Mercurio und Theodorosta; die ausgestorbenen sind nicht angeführt.

Drei Stutenfamilien entsprangen der alten Karster Rasse in der Region um Lipizza, fünf kamen aus dem Hofgestüt Kladrub in Böhmen, zwei stammten aus dem wenig bekannten Hofgestüt Koptschan, das nur kurze Zeit bestand, und zwei weitere Stuten kamen aus dem dänischen Gestüt Frederiksborg. Die übrigen waren gemischter, mitunter orientalischer Herkunft.

Bei der Namensgebung der Stuten hielt (und hält) man nicht immer an den ursprünglichen Namen der Stammgründerinnen fest, sodass es heutzutage manchmal schwierig ist, den Verlauf innerhalb einer Familie zu verfolgen. Man findet jedoch innerhalb der weiblichen Familien oft recht ähnliche Namen, die einen Hinweis darstellen können.

Neben den so genannten klassischen Familien bildete man in diversen Gestüten noch weitere heraus, die aufgrund des internationalen Blutaustausches in die Zuchten nahezu aller Länder Eingang gefunden haben. Auch sie sind ein wichtiger Bestandteil des internationalen Zuchtgeschehens und seien deshalb hier aufgezählt:

Adria, Alka, Anemone, Bachstelze, Brezica, Diana, Ecke, Eljen, Flora, Fruska, Generale Junior, Hermina, Karolina, Manczi, Mara, Mima, Miss Wood, Morave, Munja, Nanci, Pakra, Rava, Rebecca, Sagana, Stana, Tera, Trofetta, Toplica, Virtuosa und Zenta.

Obwohl der Lipizzaner eine seltene Rasse ist, verfügt man in Österreich über eine ausreichend große Zuchtpopulation. Foto: Henric F. J. Brabec d'Ipra

Die internationale Lipizzanerzucht

Im Jahre 1984 wurde nach jahrelangen Vorgesprächen und aufgrund der Anregungen einiger Experten, allen voran von Dr. Rudolf Leiner, die „Lipizzan International Federation" (kurz „LIF") gegründet. Diese lose Gemeinschaft vieler Lipizzaner züchtender Länder der Welt hat sich einige lobenswerte Aufgaben gestellt: Ausbau und Koordinierung der Maßnahmen für einen Weiterbestand der Zucht, Austausch von Erfahrungen, Zuchtergebnissen und Entwicklungen, Intensivierung der Kontakte zwischen den Gestüten und Zuchtorganisationen sowie internationalen Austausch von Zuchttieren. Man trifft sich einmal jährlich zu einer internationalen Konferenz, wobei alle anfallenden aktuellen Probleme und Belange besprochen werden. Wichtige Mitglieder sind Deutschland, Slowenien, Dänemark, Holland, Schweden, Belgien, England, Australien und die USA. Die heutigen Zuchtkriterien des Lipizzaners sind durch die LIF ebenso festgelegt worden wie die Kriterien seiner Reinrassigkeit und der Blutführung in den Linien und Familien.

Weltweit finden in der Lipizzaner-Reinzucht etwa 3000 Pferde Verwendung, was eine vergleichsweise relativ kleine Population darstellt. Es besteht daher die Notwendigkeit, zukunftsweisende und objektive Standardwerte auszuarbeiten, um die rassetypischen Eigenschaften und Merkmale nach den Vorgaben des Ursprungszuchtbuches zu erhalten.

Österreich

Die private Lipizzanerzucht kann in Österreich auf keine allzu breite Basis verweisen. Dazu sei angemerkt, dass es in Österreich zwei anerkannte, nicht staatliche Zuchtverbände gibt, die sich der privaten Züchter annehmen: den „Lipizzaner-Zuchtverband" als Mitglied der LIF und die „Lipizzaner Union" als Mitglied der Internationalen Lipizzaner Union (ILU). Das Bundesgestüt Piber nimmt eine Sonderstellung ein und gehört derzeit keiner nationalen oder internationalen Organisation an, es ist aber vorläufig mit der Führung des Ursprungszuchtbuches der Rasse betraut. Dies könnte sich jedoch mit dem EU-Beitritt Sloweniens ändern.

Ein sehr rassetypischer Junghengst aus der staatlichen rumänischen Zucht. Foto: Archiv Blaha

Ungarn

Hier überwiegt die Zucht von größeren, etwas derben Pferden im ausgeprägten Rechteckformat, mit starkem Fundament, energischen Gängen und entsprechendem Raumgriff. Dies ist im Zusammenhang mit dem gewünschten Verwendungszweck zu sehen: genügsame, ausdauernde Wagenpferde, die auch für leichte Feldarbeiten einsetzbar sind. Während der letzten Jahrzehnte fanden diese Typen erfolgreich Verwendung im immer populärer werdenden internationalen Fahrsport.

Rumänien

Seit der Gründung beziehungsweise Übernahme der Lipizzanerzucht in den heutigen rumänischen Gebieten wird der Lipizzaner hier ausschließlich als leichtes Arbeitspferd verwendet und entsprechend definiert. Exterieurmäßig ist er dem ungarischen Typ vergleichbar. Es werden bei den Leistungsprüfungen keine reiterlichen Aufgaben verlangt, lediglich der Arbeitswille und die Zugfestigkeit werden überprüft. Die Farbvielfalt ist in Rumänien recht groß, auch Rappen und Braune werden gezogen.

Ungarische Lipizzaner sind für ihre besondere Eignung für den Fahrsport berühmt. Archiv Dallos

Italien

Seit der Übergabe des Originalzuchtmaterials an das Institut für Tierzucht von Monterotondo wird als einziges Zuchtziel die Erhaltung der altösterreichischen Herde nach historischen Gesichtspunkten angegeben. Gezüchtet wird nach Pedigree, primär sollen die Hengststämme und Stutenfamilien erhalten werden. Das Zuchtgeschehen läuft unter naturnahen Bedingungen auf den Weiden ab, es werden keine interieur-, exterieur- oder leistungsmäßigen Musterungen vorgenommen. Die Führung der Zuchtbücher ist jedoch vorbildlich, daher muss man die italienische Population als wertvolle Genreserve auffassen.

Slowenien

Obwohl mit dem Aufbau der Zucht erst nach 1945 begonnen wurde, ist die Zuchtzielsetzung praktisch identisch mit der Österreichs. Die Zuchtpopulation steht, was das Exterieur betrifft, den klassischen Zuchtzielen am nächsten. Seit ungefähr zehn Jahren wird versucht, raumgreifendere Gänge und ein gefälligeres Exterieur im Hinblick auf den Verwendungszweck Dressursport einzubringen, wobei entsprechende Ergebnisse im internationalen Vergleich bereits erzielt werden konnten.

Der bekannte slowenische Dressurreiter Alois Lah auf Maestoso Tais XXI. Foto: Slawik

Auch in Deutschland, wie hier am Institut Egon von Neindorff, sind Lipizzaner begehrte Dressurpferde. Foto: Slawik

Slowakei

In Abwandlung des ursprünglichen Verwendungszweckes der Lipizzaner und auch ihrer herkunftsbedingten Merkmale ist die Zielsetzung der Zucht hier etwas modifiziert worden: Leichte, etwas größere Kutsch- und Reitpferdetypen sind als vielseitig einsetzbare Allroundpferde erwünscht. Die Zuchtbasis ist ausgeglichen, die Zuchtzielrichtung aber deutlich erkennbar, wobei sich diese nur geringfügig von der österreichischen unterscheidet.

Südafrika

Die Zucht in Südafrika ist mit der österreichischen direkt vergleichbar. Es werden gleiche Zuchtzielsetzung, Definition von Exterieur und Interieur sowie Verwendungszweck angegeben. Auch Selektion und Zuchtverfahren sind praktisch identisch mit jenen in Österreich. Als Leistungsprüfungszentrum dient eine Kopie der Spanischen Reitschule, etwa 50 Prozent der Hengste erreichen den Ausbildungsstand der Klasse S. Die lange Isolation brachte im Hinblick auf das Exterieur einige Vorteile, denn viele Tiere behielten die typischen, klassischen Formen. Als schwerer Nachteil jedoch muss der hohe Inzuchtgrad gewertet werden.

Belgien, Deutschland, Dänemark, England, Frankreich, Niederlande, Schweden Schweiz und USA

All diese Länder sind als Nachzuchtländer zu bezeichnen, in denen mit Material aus den oben beschriebenen Herkunftsländern die Lipizzanerzucht betrieben wird. Die importierten Zuchttiere und auch die einzelnen Zuchtzielsetzungen sind unterschiedlich zu bewerten.

Die Zuchtbasis ist in all jenen Ländern, ausgenommen in den USA, sehr klein und die Selektionsmöglichkeiten sind stark eingeschränkt.

Die Zuchtziele werden im Zusammenhang mit den Verwendungszwecken etwas unterschiedlich interpretiert. Daher finden sich hier auch zahlreiche Typvarianten: die Palette reicht vom kleinen, trockenen, stark arabisierten Typ bis hin zum großen, derben, kräftigen Typ.

Allen gemeinsam sind jedoch der hervorragende Charakter und die hohe Leistungsbereitschaft.

Deutschland führt als einziges Nachzuchtland eine definierte Leistungsprüfung durch.

Eine Gesamtansicht des Stammgestütes Lipizza.
Foto: Archiv Lipizza

Die Anschriften der wichtigsten Zuchtvereinigungen sind im Anhang aufgeführt (nach Prof. Dr. Jaromir Oulehla).

Bedeutende Gestüte

Im Raum der ehemaligen Doppelmonarchie entstanden seit dem frühen 19. Jahrhundert einige bemerkenswerte Lipizzanerzuchten, entweder eingegliedert in größere Betriebe oder als selbstständige Gestüte, die bis heute bestehen. Zwar haben sich die politischen und wirtschaftlichen Verhältnisse in den Nachfolgestaaten öfter geändert und damit das Schicksal ihrer Lipizzaner beeinflusst, doch überstand die Rasse dies stets. Es scheint, dass selbst widrigste Umstände den Kaiserpferden keinen dauernden Schaden zufügen können, als ob sie einen besonderen Schutz genössen.

In der Folge werden einige der bedeutendsten Zuchtbetriebe kurz beschrieben, die sich in der Bewahrung der Rasse hervortun konnten und sie heute noch in bester Qualität – wenn auch in leicht unterschiedlicher Ausformung – vermehren:

Lipizza (Lipica) *(Slowenien)*

Die frühe Geschichte des Gestütes und der Lipizzaner Rasse ist ab Seite 7 beschrieben, ebenso finden sich in verschiedenen Kapiteln nähere Angaben zu Lipizza (Lipica), seiner Zuchtpolitik und anderem mehr. Die folgende Beschreibung beginnt also mit dem Ende des Zweiten Weltkrieges.

Stuten an einem Wasserreservoir im trockenen Karstgebiet. Foto: Tavcar

Im Hof des alten Stutenstalles von Lipizza tummeln sich die Stuten mit den jüngsten Fohlen. Foto: Tavcar

Im März 1947 verließen die anglo-amerikanischen Truppen Lipizza, und das slowenische Küstenland fiel anschließend Jugoslawien zu. Dessen Regierung forderte nun die Rückgabe der Lipizzaner, erhielt aber nur elf Tiere. 109 Pferde waren bereits an Italien vergeben worden, etwa ebenso viele an Österreich und einige an die Tschechoslowakei. Nach Lipizza wurden nun weitere 13 Pferde aus Demir Kapija überstellt, zwei Jungstuten aus Dusanovo und einige weitere Pferde aus kleinen Beständen. Ende 1947 besaß das Gestüt wieder 23 Stuten und begann, eine neue Herde aufzubauen. In den nun folgenden Jahren des Wiederaufbaues kamen durch Zukäufe aus diversen anderen Gestüten noch einige Dutzend Pferde hinzu, allerdings nicht immer zuchttaugliches Material. 1950 wurde der gesamte Betrieb aus dem jugoslawischen Landwirtschaftsministerium ausgegliedert und der Slowenischen Republik überantwortet. Dabei verlor es 33 Pferde an das Gestüt Kutjevo in Kroatien. 1952 erfolgte eine rigorose Ausmusterung des minderwertigen Materials, meist Pferde mit Fremdblutanteil. Der Mangel an Zuchtmaterial war groß, dennoch gelang es dem Betrieb, zwischen 1947 und 1955 immerhin 60 Beschäler an andere Gestüte und Zuchtgebiete abzugeben und die Trächtigkeitsquote auf 75 Prozent anzuheben.

Mit der Konsolidierung der politischen und wirtschaftlichen Verhältnisse und dem aufkommenden Tourismus wurde die Lage Lipizzas stabiler und der Bestand größer. 1980 verfügte man über rund 180 reine Lipizzaner, die alle klassischen Hengstlinien und 16 der alten Stutenstämme vertraten.

Auch in Lipizza finden regelmäßig Vorführungen der klassischen Reitkunst statt. Foto: Tavcar

Der barocke Innenhof des Schlosses von Szilvásvárad
Foto: Blank

Das heutige Lipizza präsentiert sich als weitläufige Anlage mit kombinierter Aufgabenstellung: Tourismus und Pferdezucht. Zwei Hotels und diverse touristische Einrichtungen stehen den rund 100.000 jährlichen Besuchern zur Verfügung. Neben zahlreichen Reitpferden und Ponys verschiedener Rassen findet man eine ganze Anzahl gut ausgebildeter Lipizzaner, die auch für Schaunummern verwendet werden. Man kann hier die herrliche Karstlandschaft mit ihren geologischen, botanischen und archäologischen Besonderheiten genießen, aber auch Reitferien jeglicher Art – bis hin zum klassischen Dressurtraining – verbringen.

Szilvásvárad
(Ungarn)

An den waldreichen Hängen des Bükkgebirges liegt rund 30 Kilometer von der berühmten Stadt Eger entfernt das Gestüt Szilvásvárad. Ursprünglich ein Besitz der Grafen Pallavicini, dient es seit 1888 der privaten Lipizzanerzucht dieses Geschlechtes. Das kalkreiche, zwischen 400 und 800 Meter Seehöhe gelegene Plateau erinnert in Bodenbeschaffenheit und Klima an die Urheimat der Lipizzaner und eignet sich bestens für diese Rasse.

Allerdings liegen die Wurzeln der ungarischen Lipizzanerzucht nicht hier, sondern im 1785 gegründeten Militärgestüt Mezöhegyes, im äußersten Südosten Ungarns. Dorthin flüchteten 1809 die Pferde aus dem von Napoleon bedrohten Lipizza und verblieben sechs Jahre in der feuchten Theiß-Niederung. Allerhand gesundheitliche Defekte waren die Folge und man ließ bei der Rückkehr ins Stammgestüt das gesundheitlich schwächste Material zurück, das nun für einige Jahrzehnte dahinvegetierte.

Erst die Verlegung des Gestütes in das damals ungarische Siebenbürgen, nach Fogaras (heute: Fagaras oder Simbata de Jos) im Jahre 1874 brachte einen Umschwung. Die weitaus günstigeren Bedingungen dort sorgten für eine tiefgreifende Verbesserung des Zuchtgeschehens, doch schon 1912 wurde erneut übersiedelt, diesmal wegen der so genannten Mondblindheit, einer periodisch auftretenden Augenentzündung. Man zog in das Arabergestüt von Bábolna, nordwestlich Budapests. Dort, auf dem fruchtbaren Pusztaboden, wandelte sich der drahtige Berglipizzaner zum bis heute typischen ungarischen Wagentyp, wurde größer und kräftiger.

Im Ersten Weltkrieg waren kaum Verluste zu melden, der Bestand der Zwischenkriegszeit lag bei rund 80 Stuten. Ende des Zweiten Weltkrieges floh man über Hostau nach Donauwörth in Bayern und erhielt nach Kriegsende einen Teil der Pferde zurück. Bald darauf bürgerte es sich ein, dass die Junghengste im Bükkgebirge

Eine Ansicht des Hauptbeschälerstalles von Szilvásvárad
Foto: Archiv Dallos

Der eindrucksvolle Kopf von Maestoso Mano mit traditionellem ungarischem Schalankenzaum Foto: Novotny

gealpt wurden, wo sie bestens gediehen. Also verlegte man 1952 etliche Stuten dorthin und begann den nötigen Ausbau der dortigen Anlage, direkt neben dem alten Pallavicinischen Lipizzanergestüt. 1962 stellte Bábolna ganz auf Araber um und die restlichen 125 dort verbliebenen Lipizzaner übersiedelten auch nach Szilvásvárad.

Heute leben insgesamt rund 250 Lipizzaner auf den rund 700 Hektar Weideflächen, darunter auch solche, die auf die alte Incitato-Linie und die einst so berühmte Pallavicini-Herde zurückgehen. Mit 70 Zuchtstuten und einem laufenden Nachschub guter Landbeschäler aus eigener Zucht sichert das Gestüt den ungarischen Bestand.

Die Jungpferde wachsen auf dem trockenen Hochplateau von Csipkeskút auf rund 900 Meter Seehöhe auf und werden dort abgehärtet und trittsicher. Die Brände umfassen ein B mit einem Hirschgeweih rundherum, ein Symbol für die wildreiche Bükkregion, als Gestütsbrand in der rechten Sattellage; weiterhin die jeweiligen Linienbrände, die in der linken Sattellage zu finden sind.

Besonderer Wert wird in Ungarn auf die wirtschaftliche und fahrsportliche Eignung der Lipizzaner gelegt, die auch in der Landespferdezucht mit rund 40 Beschälern ihren Niederschlag findet.

Man bevorzugt deshalb einen kalibrigen, etwas größeren Typ, der in der jüngsten Vergangenheit durch österreichische Hengste leicht modifiziert wurde.

Ungarn ist berühmt für seine traditionellen Mehrspänner. Foto: Archiv Dallos

In Rumänien ist der farbige Lipizzaner äußerst beliebt. Foto: Slawik

Simbata de Jos
(Fagaras, Rumänien)

Zwischen Hermannstadt (rumänisch: Sibiu) und Kronstadt (rumänisch: Brasov) im Zentrum Siebenbürgens gelegen, wurde das ehemals ungarische Gestüt Alsó Szombatfalva bei Fagaras erst 1920 neu eröffnet und in Simbata de Jos umbenannt. Ursprünglich war die weitläufige Anlage ein Besitz der freiherrlichen Familie von Bruckenthal, die im 18. Jahrhundert hier residierte und anlässlich eines Besuches der Kaiserin Maria Theresia 1750 das Schlossgebäude neu errichten ließ. Dieses ist heute das Verwaltungsgebäude des Gestütes, das gegenwärtig über rund 3200 Hektar landwirtschaftliche Nutzfläche verfügt.

1874 erfolgte die erste Verlegung ungarischer Lipizzaner aus Mezöhegyes hierher, weil sie hier bessere Bedingungen vorfanden. Zukäufe aus Lipizza und eine Reihe hervorragender Hengste halfen der Zucht, sich hier rasch auszuweiten. Bereits 1890 verfügte man über rund 110 Mutterstuten und neun Hauptbeschäler. 1912 musste die Zuchtherde wegen wiederholten Auftretens von Mondblindheit (periodische Augenentzündung) nach Bábolna verlegt werden. Einige Arbeitslipizzaner blieben jedoch zurück, darunter drei Hengste und 22 Stuten. Mit diesen und 16 aus der Landespferdezucht zugekauften Tieren begann man nach dem Ersten Weltkrieg erneut ein Lipizzanergestüt aufzubauen, was auch gelang. Anfänglich gerieten die Produkte recht minderwertig, doch eine kluge Selektions- und Zukaufspolitik führte zu einer raschen und umfassenden Verbesserung.

Das Tor zum historischen Gestüt Simbata de Jos, früher als ungarisches Gestüt Fogaras geführt
Foto: Stanescu

Auch Tulipan-und Incitato-Hengste kamen stark zum Einsatz und bewährten sich vor allem in der Produktion der begehrten Wirtschaftstypen. In der Landeszucht verdrängte der Lipizzaner bald die übrigen Pferde und ist bis heute in der Region die führende Rasse.

1935 wurde ein Syndikat der Lipizzanerzüchter gegründet, das die Verbreitung und Verbesserung der Pferde landesweit vorantrieb und eine wirtschaftliche und patriotische Motivation für die bäuerlichen Züchter darstellte. Den Zweiten Weltkrieg überstand das Gestüt ohne Schäden, da es außerhalb des Kampfbereiches lag.

Im Gestüt Simbata de Jos wird die derzeit größte Herde reiner Gestütslipizzaner auf der ganzen Welt gehalten. Davon sind rund 150 Mutterstuten, zehn Hauptbeschäler und diverse

Der ausdrucksvolle Kopf eines rumänischen Hauptbeschälers in Simbata de Jos. Foto: Stanescu

jugendliche Jahrgänge auf den Fohlenhöfen Beclean (Hengste) und Ucea de Jos (Stuten) untergebracht.

In fünf Hengstdepots stehen den Züchtern rund 200 Lipizzanerhengste zur Verfügung, das sind über 20 Prozent der Gesamtzahl an Landbeschälern; damit nimmt die Rasse in Rumänien den Spitzenplatz ein. Alle Jungpferde beiderlei Geschlechts werden in Simbata im Reiten und Fahren ausgebildet und vierjährig leistungsgeprüft, nur jene mit positivem Ergebnis gelangen in die Zucht. Gewissermaßen eine Spezialität der rumänischen Zucht ist der relativ hohe Anteil an farbigen Lipizzanern: Braune, Rappen und Füchse sind nicht selten, auch findet man immer wieder einige Blau- und Rotschimmel. Die Incitato-Linie ist leider auch hier ausgestorben, die des Tulipan wird allerdings noch erhalten und besteht in etwas geringerer Zahl neben den klassischen Stämmen. Man hält auch stets einige farbige Hengste.

Als Brandzeichen werden ähnliche wie in der übrigen Lipizzanerzucht verwendet, ergänzt durch einen Nummerbrand für Mutterstuten am linken Hals. Als Gestütsbrand kommt ein F – seit 1947 ohne Krone – in der rechten Sattellage zur Anwendung.

Topolcianky
(Slowakische Republik)

Mit der Gründung der Tschechoslowakischen Republik wurde eine Selbstverwaltung der Pferdezucht notwendig. Man benötigte zudem ein Staatsgestüt, das Landbeschäler produzieren konnte, und fand es in der weitläufigen Schlossanlage von Topolcianky. Der rund 1000 Hektar große Gutsbetrieb liegt nördlich der Stadt Nitra, in einem landschaftlich und klimatisch durchaus günstigen Gebiet, auf rund 200 bis 450 Meter Seehöhe. Die leicht hügelige Landschaft umfasst Wälder und Weingärten sowie Acker- und Weideflächen. Schloss Topolcianky beherbergt neben der Gutsverwaltung auch ein Museum und zählt zu den beliebten Ausflugszielen der Region.

1921 wurde das Staatsgestüt eröffnet und man begann neben anderen Rassen auch Lipizzaner zu züchten. Dazu verwendete man rund 30 Stuten aus dem Jungpferdebestand, welcher auf österreichische Anordnung aus Lipizza nach Kladrub verlegt worden war. Dazu kamen an Hengsten ein Neapolitano aus Lipizza, ein

Maestoso Mahonia aus dem slowakischen Staatsgestüt Topolcianky. Foto: Gawlik

Siglavy aus dem nahen Nitra und ein Maestoso aus Fagaras: Mit dem 1904 geborenen Hengst Maestoso Titania wurden sechs Linien aufgebaut. 1944 wurden alle Pferde nach Hostau verlegt, darunter rund 30 Lipizzaner Stuten sowie einige Hengste und diverse Nachzucht. Die Rückgabe fiel enttäuschend aus, nur 13 Stuten und kein Hengst kehrten heim. Man musste den Neuaufbau, der mit so wenigen Pferden unmöglich war, durch Maßnahmen unterstützen, die man heute als Requisition bezeichnen würde.

Man behielt kurzerhand 15 Junghengste aus der Hostauer Periode, die im Depot Mimon gestanden hatten, kaufte 70 bis 80 Pferde aus bäuerlichen Beständen und fand auch etliche versprengte Pferde aus Piber und Lipizza bei Privatpersonen. Vier vorzügliche Hengste beschleunigten den Wiederaufbau der Herde, darunter ein Brauner aus Piber: dunkle Lipizzaner waren in der Slowakei immer populär.

Die Stuten werden auf dem Hof Breziny in Laufställen gehalten, allein zum Abfohlen kommen sie in eigene Boxen. Tagsüber weiden sie auf den Koppeln in der Nähe der Hauptanlage. Die Absetzer kommen nach Geschlechtern getrennt auf die Außenhöfe, Hengste nach Hostie, Stuten nach Rybnik. Die Ausbildung erfolgt im Hauptgestüt und beginnt im Alter von drei Jahren, anschließend findet eine Leistungsprüfung unter dem Sattel und im Gespann statt. Die Landbeschäler beginnen ihre Laufbahn auf den Stationen Presov (Ostslowakei) und Samorin (Westslowakei).

Als Brände kommen auf dem linken Schenkel die Buchstaben CSR als Landesbrand und T als Gestütsbrand zur Verwendung. In der linken Sattellage die traditionellen Abstammungsbrände und in der rechten Sattellage die laufende Fohlennummer nach dem jeweiligen Vatertier.

Man führt in Topolcianky neun Stutenfamilien in rund 30 Exemplaren und drei Hauptbeschäler, auch aus der Incitato-Linie. In der Landeszucht befinden sich ständig zwischen 15 und 20 Beschäler, deren beste mit den Gestütshengsten abwechseln. Auch Kreuzungsprodukte mit Arabern sind als Gebrauchspferde sehr populär.

Monterotondo
(Italien)

Nach dem Ende des Zweiten Weltkriegs erhielt Italien einen Teil seines Zuchtmaterials zurück. Das Gestüt Lipizza war nunmehr an Jugoslawien gefallen, somit musste ein neuer Standort für die Zucht gewählt werden, den man in Monterotondo, in der alten Region Latium (italienisch: Lazio), fand. Das Gestüt heißt Casali Nuovi di Montemaggiore und ist ein rund 180 Hektar großes Landgut mit weitläufigen Weidegründen. Es untersteht dem zootechnischen Institut des Landwirtschaftsministeriums.

Dort wurde 1945 mit der Lipizzanerzucht begonnen, als Zuchtziel war stets die Erhaltung der genetischen Basis und Fortführung der klassischen Linien und Familien vorrangig. Eine praktische Nutzung oder Überprüfung der Eigenschaften der Pferde gab und gibt es nicht, allerdings wurde immer penibel auf die Blutführung geachtet. Die an Italien übergebenen Zuchtbücher aus Lipizza wurden genauestens

In den Landeszuchten der Slowakei waren stets auch dunkle Lipizzaner beliebt. Foto: Slawik

Eine Freilandhaltung des Hengstes inmitten der Stutenherde garantiert zumeist hohe Trächtigkeitsquoten. Foto: Slawik

weitergeführt und die Auswahl der Anpaarungen anhand der Pedigrees vorgenommen. Somit entstand hier eine zwar äußerlich etwas uneinheitliche, aber blutmäßig hoch interessante Population, die sich bei der Aufstockung des österreichischen Bestandes als höchst wertvoll erwies. Immerhin verfügt Italien über 20 Stutenfamilien und alle Hengstlinien. Der Bestand liegt bei rund 50 Stuten und knapp zehn Hengsten sowie deren Nachzucht.

Weitere Besonderheiten der italienischen Zucht sind die Freilandhaltung und der Natursprung. Die Beschäler werden den Zuchtgruppen der für sie ausgewählten Stuten zugeteilt und laufen während des Frühjahres mit diesen frei auf den Weiden. Alle Pferde führen ein naturnahes Leben und sind daher hart und robust. Die Trächtigkeitsquote liegt, wie unter diesen Umständen zu erwarten, bei rund 95 Prozent.

Djakovo
(Kroatien)

Djakovo ist eines der ältesten Gestüte Europas, es reicht bis in das Jahr 1506 zurück. Ursprünglich wurden hier orientalische Pferde gezogen, erst nach der Flucht der Herde aus Lipizza im Jahre 1806 hierher wurden auch einige Karster hier gehalten. Um 1855 importierte dann der „Pferdebischof Strossmayer“ eine größere Anzahl von Pferden aus Lipizza und baute systematisch eine beachtliche Gestütszucht auf. Zwischen den beiden Weltkriegen war Djakovo mit rund 80 Mutterstuten eines der größten jugoslawischen Gestüte. Seit dem späten 19. Jahrhundert ist die Rasse auch recht erfolgreich in der Landeszucht verankert, wo sie sich als leichtes Wirtschafts-

Naturnahe und abhärtende Aufzucht garantiert kräftige und formschöne Pferde. Foto: Blaha

pferd bewährt. Seit rund 50 Jahren gibt es in Slawonien Zuchtgemeinschaften, die im Zuchtverband zusammengefasst sind und vom zentralen Hengstdepot in Djakovo aus versorgt werden.

Djakovo liegt in der Slawonischen Tiefebene, genau zwischen den Flüssen Drau und Save; rund 250 Hektar bilden die Weide- und Futterbasis für das Gestüt, welches auch den fünf Kilometer entfernten Komplex Ivandvor umfasst. Rund 40 Mutterstuten bilden die Basis der Zucht, die sich durch kräftige und formschöne Pferde auszeichnet. Pferde aus Djakovo fanden auch im Film „Die Flucht der weißen Hengste" von Walt Disney Verwendung. 1955 wurden 33 Pferde aus Djakovo vom äthiopischen Kaiserhaus angekauft und in das ferne afrikanische Land exportiert, um dort ein Gestüt zu begründen. Über ihr weiteres Schicksal ist leider nichts bekannt.

Die „Lipizzaner-Seuche"

Im Bundesgestüt Piber trat im Jahre 1983 eine epidemieartige Erkrankung der gestütseigenen Pferde auf, die auch in den Medien und der Öffentlichkeit größtes Echo fand. Österreich bangte um einen seiner liebsten Schätze und natürlich kursierten umgehend Gerüchte betreffend Ursache und Schuld an der hochstilisierten Katastrophe.

Keinem Außenstehenden steht es zu, sich ein Urteil über die Verantwortlichkeit oder gar über eine Schuldfrage anzumaßen. Eine kurze, sachliche Darstellung der Fakten sei hier dennoch versucht, denn sowohl die Seuche als auch die aus ihr gezogenen Konsequenzen hatten und haben Bedeutung.

Es handelte sich natürlich nicht um eine rassespezifische Krankheit der Lipizzaner, sondern um eine seuchenhafte Infektion, die in der Pferdezucht zwar selten, aber durchaus bekannt ist. Medizinisch bezeichnet man sie als EHV-1/EHV-4-Seuche (Equider Herpes-Virus, Stamm 1 und 4) oder als Equide Rhinopneumonitis. Beide Stämme bewirken bei Fohlen starke Erkältungen, doch der Stamm 1 ruft zudem einen Abortus bei trächtigen Stuten hervor und kann zu tödlichen Lähmungen führen.

Acht Lipizzanerstuten und 22 Fohlen fielen der Seuche zum Opfer. War es eine besonders heimtückische Mutation des Virus, und hätte eine Impfung den Schaden begrenzen können? Trafen die übergeordneten Stellen die richtigen Entscheidungen? Wer will dies heute beantworten? Zudem sind derartige Seuchenzüge in der Tierzucht überall bekannt und daher kann weder in diesem Fall noch in irgend einem anderen eine eindeutige Schuldzuweisung erfolgen.

Der Lipizzanerbestand Österreichs war aus verschiedenen Gründen mehr oder weniger stark ingezüchtet. Das heißt, man hatte längere Zeit hindurch verwandte Tiere untereinander paaren müssen, was laut Meinung mancher Experten eine Schwächung des Erbmaterials und der Widerstandskraft zur Folge hat, eine so genannte Inzuchtdepression.

Allerdings werden Pferdebestände seit Jahrhunderten oftmals hochgradig ingezüchtet, ohne dass sich eine Depression zeigt; ob hier also geschwächtes Erbgut vorlag, kann nicht festgestellt werden. Selbst kritische Betrachter bezeichneten die Lipizzaner damals als besonders schön und leistungsfähig.

Tatsächlich lag jedoch die Fruchtbarkeit der Piberer Lipizzanerstuten zeitweise unter dem Durchschnitt. In dieser kritischen Situation wirkte sich die Seuche besorgniserregend aus, zumal nur 38 Zuchtstuten vorhanden waren – eine angestrebte Erweiterung des Bestandes war der Gestütsleitung aus budgetären Gründen nicht möglich gewesen.

Nach der Seuche stellte die Tierärztliche Universität Wien eine Untersuchung an und legte Sanierungsvorschläge vor. Aus fachlichen Diskrepanzen ergaben sich schließlich auch persönliche, sodass der Leiter des Gestütes, Dr. Heinrich Lehrner, seinen Abschied nahm und Dr. Jaromir Oulehla im September 1983 dessen Nachfolge antrat. Er führte die von der Universität empfohlenen züchterischen Maßnahmen (Erweiterung der genetischen Basis) und eine Generalsanierung der Anlagen sowie eine Modernisierung des Betriebes in allen Bereichen durch. Dazu wurden ihm auch die erforderlichen Mittel endlich gestattet. Dr. Oulehla konnte in vieler Hinsicht auf dem aufbauen, was sein Vorgänger Dr. Lehrner in 26 Jahren hoch geachteter Tätigkeit geschaffen hatte. Somit könnte man die Seuche, trotz der persönlichen Schicksalsschläge und der dramatischen Todesfälle, als einen Katalysator ansehen, der eine Weiterentwicklung auslöste.

Als Endresultate stehen heute fest:

Österreich besitzt eine ausreichend große Zuchtherde, um auf Jahrzehnte hinaus den Bedarf der Spanischen Reitschule sichern zu können, es gelangen sogar Pferde in den freien Verkauf.

Das Gestüt Piber verfügt über zeitgemäße und entsprechende Einrichtungen, wie sie einem Betrieb seiner Bedeutung zustehen und dort auch notwendig sind.

Die Zuchtbasis wurde genetisch bereichert, eine strenge Selektion der Nachzucht wird durchgeführt; somit sind neue Erkenntnisse gesichert.

Das Gestüt und die Reitschule werden von einer Hand geführt, die früheren Diskrepanzen bezüglich Zucht oder Verwendung in Wien sind beendet.

Hofrat Dr. Heinz Lehrner versuchte, die genetische Basis der Lipizzaner zu erweitern. Foto: Blaha

Das Spiel der Gene

Wenn auch die Herpes-Seuche von 1983 die Probleme der damals zahlenmäßig geschwächten Zuchtbasis dramatisch herausstrich, so gab es doch schon lange davor Bemühungen der Gestütsleitung, die genetische Basis zu erweitern. Aus verschiedenen Gründen erwog man damals eher die Einkreuzung von verwandtem, aber rassefremdem Blut. Hofrat Dr. Heinrich Lehrner schilderte die Hintergründe des Zuchtversuches:

Das Experiment Honroso

„Die Lipizzaner waren und sind legitime Nachfolger der spanisch-andalusisch-neapolitanischen Zucht. In neuerer Zeit wurde im österreichischen Lipizzanergestüt Piber noch einmal ein Kombinationsversuch mit einem andalusischen Hengst unternommen. Dies war Honroso aus dem Cartujano-Gestüt des Don Fernando de Terry in Puerto de Santa Maria. Der Hengst war ein Geschenk der spanischen Züchtervereinigung, ein korrekter Qualitätshengst mit viel Adel und Ausdruck, aber vielleicht etwas wenig Ausstrahlung.

Der Deckeinsatz von Honroso war ein überlegter Versuch, unternommen mit einem Hengst der andalusischen Schwesterrasse, und zwar zu einer Zeit, als noch keine zwingende Notwendigkeit einer so genannten Blutauffrischung gegeben war. Zwei Möglichkeiten sollten überprüft werden: zum einen die Erweiterung und Auflockerung der genetischen Basis, zum anderen die unter entsprechender Auswahl und mit Glück mögliche Exterieurkorrektur. Die etwas zu betont spanischen Eigenschaften des Hengstes Honroso sollten mit den charakteristischen Merkmalen des heutigen Lipizzaners in Einklang gebracht und im Laufe einiger Generationen harmonisch integriert werden.

Von den sechs mit Honroso angepaarten Stuten kamen zwei männliche und vier weibliche Fohlen zur Welt. Doch musste man feststellen, dass darunter keine Söhne waren, deren Qualität auf die Entstehung eines neuen Zuchtstammes hätte hoffen lassen. Von seinen Töchtern profilierten sich zwei in mehrfacher Hinsicht schon in der Ausbildung, beide wurden aber mitsamt ihrer Nachzucht später aus der Zucht eliminiert. Dies geschah wohl kaum aus fachlichen Gründen, sondern eher aus persönlicher Voreingenommenheit und gerade zu einer Zeit, als der Versuch, wenn auch auf kleiner Basis, erste Aufschlüsse hätte geben können. Übrigens ließen einige der weiteren Produkte dieser Stuten, die

Unter der Leitung von Dr. Jaromir Oulehla wurde Piber in allen Bereichen modernisiert und die Zuchtpopulation genetisch saniert. Foto: Blaha

Der PRE Hengst Linie Hispano VIII entstammt derselben Zuchtlinie wie Honroso. Foto: Millan-Ruiz

sich bereits in privaten Händen befanden, in zweiter Generation jene Qualitäten erkennen, die man sich eingangs gewünscht hatte" (persönliche Mitteilung von Dr. Heinrich Lehrner).

Auch ein besonders guter Shagya-Araber erfuhr ein ähnliches Schicksal, es war Amor-Gazlan VII, der dem Gestüt von Freunden zur Verfügung gestellt wurde. Aus seiner geringen Nachkommenzahl wurde kein Pferd über die zweite Generation hinaus züchterisch verwendet.

Dr. Jaromir Oulehla beschritt nach der Seuche einen anderen Weg, er setzte auf die Ergänzung der Stutenherde durch Material aus den anderen Lipizzanerzuchten. Dazu wurden nach eingehender Prüfung zwischen 1984 und 1986 nicht weniger als 31 Stuten zugekauft: drei aus der Slowakei, vier aus Slowenien, sechs aus Ungarn, sieben aus Italien und elf aus Rumänien.

Alle Stuten wurden unter Berücksichtigung der geltenden österreichischen Zuchtzieldefinition und ihres Pedigrees ausgewählt. Ihre Nachzucht – ausschließlich mit geprüften Hengsten der Reitschule – wurde über zwei Generationen streng selektiert. Die Produkte der ersten Generation (50 Prozent ausländischer und 50 Prozent österreichischer Elternanteil) und der zweiten Generation (25 Prozent ausländischer und 75 Prozent österreichischer Elternanteil) wurden zwischen 1985 und 1995 beurteilt, insgesamt 207 Pferde. Da man Stuten aus typ- und blutmäßig unterschiedlichen Beständen mit den durchgezüchteten österreichischen Hengsten paarte, war eine ständige Qualitätskontrolle nötig. Ihre Ergebnisse wurden mit den langjährigen heimischen Durchschnitten verglichen.

Die Ausmusterungsquote der ersten Generation lag zwischen rund 34 und 79 Prozent, im Durchschnitt bei rund 58 Prozent. Die Aus-

Der heutige Stutenbestand Pibers lässt eine strenge Selektion zu. Foto: Blaha

musterungsquote der zweiten Generation lag zwischen rund 14 und 50 Prozent, im Durchschnitt bei rund 31 Prozent. Der langjährige heimische Durchschnitt liegt bei rund 36 Prozent. Aus diesen Ergebnissen wird ersichtlich, dass die strenge Selektion bei der ersten Generation zu sehr hohem Ausfall führte, erst die zweite Generation brachte die erhoffte Konsolidierung. Die Ausfallquote war umso höher, je verschiedenartiger die ursprünglichen Zuchtziele und Exterieurmerkmale waren.

Nunmehr ist in der Piberer Herde eine Senkung des Inzuchtgrades zukünftiger Generationen bei gleich bleibender Qualität zu erwarten. Der aufgestockte Bestand lässt eine strenge Auswahl der in Wien benötigten Hengste aus einer genügend großen Grundpopulation zu. Überzählige Pferde können im In- und Ausland verkauft werden, wie dies auch schon im Rahmen von Auktionen durchgeführt wurde. Die genetische Basis einer erfolgreichen Zucht ist für die Zukunft gesichert (nach Prof. Dr. Jaromir Oulehla).

Wer hat die Lipizzaner erfunden?

Die Bestimmungen der EU bezüglich der Tierzucht sehen vor, dass das Ursprungsland einer Rasse auch das Ursprungszuchtbuch führen darf und damit die grundlegenden Regeln zur Zucht und Gestaltung einer Rasse vorgeben kann, an die sich alle Nachzuchtländer zu halten haben. Damit ist ein gewisser Einfluss auf die Zuchtpolitik und die Vermarktung verbunden.

Im Jahr 1998 kam es erstmals zu agrarpolitischen Konflikten über den Ursprung der Lipizzaner. Damals meldete Italien offiziell den Anspruch bei der EU an, das Ursprungszuchtbuch für die Rasse führen zu wollen. Auf italienischer Seite argumentierte man mit gewissen „historischen Rechten", die auf den Friedensverträgen von St. Germain nach dem Ersten Weltkrieg beruhten. 1919 wurden die beiden Ausgaben des Zuchtbuches geteilt, wobei Italien und Österreich je eine Kopie erhielten, und auch die Zuchtherde wurde aufgeteilt. Des Weiteren fiel das Heimatgestüt Lipizza an Italien, ehe es später zu Slowenien (damals Jugoslawien) kam.

Die Zukunft wird erweisen, welches Land das Ursprungsstutbuch des Lipizzaners führen wird. Foto: Slawik

Auch Lipizza (Slowenien) könnte Ansprüche auf den Ursprung der Rasse geltend machen. Foto: Slawik

Nach zweijährigem Streit kam es 1999 zwischen Österreich und Italien zu einer Einigung, indem Italien auf seine wenig stichhaltigen Ansprüche verzichtete und man das Ursprungszuchtbuch Österreich überließ. Doch kaum war dieser Zwist beigelegt, meldete sich auch schon Slowenien mittels diplomatischer Noten an Österreich, Italien und die EU zu Wort und beanspruchte den Ursprung der Rasse für sich. Man zeigte sich darüber erbost, dass nunmehr das österreichische Gestüt Piber und nicht das mittlerweile slowenische, historische Lipizza (Lipica) als Heimat der Lipizzaner Rasse anerkannt wurde. Die nationalistischen Kräfte Sloweniens setzten die Politiker unter Druck und verlangten vehement eine Anerkennung der Lipizzaner als slowenisches Kulturgut. Kurz darauf legte man noch etwas nach und forderte bei der WTO (World Trade Organisation) den Markenschutz für die Rassenbezeichnung Lipizzaner. Damit wurde völliges Neuland betreten, denn es war zwar schon zu einer viel beachteten Entscheidung über die Markenbezeichnung Champagner gekommen, eine Tierrasse hatte bisher aber noch niemand namentlich schützen wollen. Ein analoger Entscheid der WTO hätte unabsehbare Folgen gehabt, denn dann wären auch zahllose andere Tierrassen plötzlich nicht mehr identifizierbar gewesen: Man denke an Simmentaler Rinder, an Labradorhunde, an Hannoveraner Pferde und viele mehr. Der Versuch Sloweniens schlug denn auch fehl und die WTO lehnte es ab, den Namen unter diesen Bedingungen für Lipizza zu schützen.

Heute ist die Lage folgendermaßen: Österreich führt nach wie vor das Ursprungszuchtbuch für die Lipizzaner und gibt damit auch die züchterischen Richtlinien vor. Die Originalbücher liegen in Piber, wobei aber auch Italien nach wie vor über eine Kopie verfügt. Dies wird auch dadurch gerechtfertigt, dass die Zuchtpopulationen in Österreich und Italien die beiden einzigen sind, die direkt auf die Herde des Hofgestütes Lipizza zurück gehen, während die heutige Herde von Lipizza (Lipica) erst später mit zugekauftem Material neu aufgebaut wurde.

Allerdings ist dies offenbar nur eine Lösung auf Zeit, denn nach einem EU-Beitritt Sloweniens werden wahrscheinlich die nationalistischen Stimmen wieder laut werden und man wird vermutlich erneut eine Änderung des Zustandes und eine Verlegung des Ursprungszuchtbuches nach Lipizza (Lipica) verlangen.

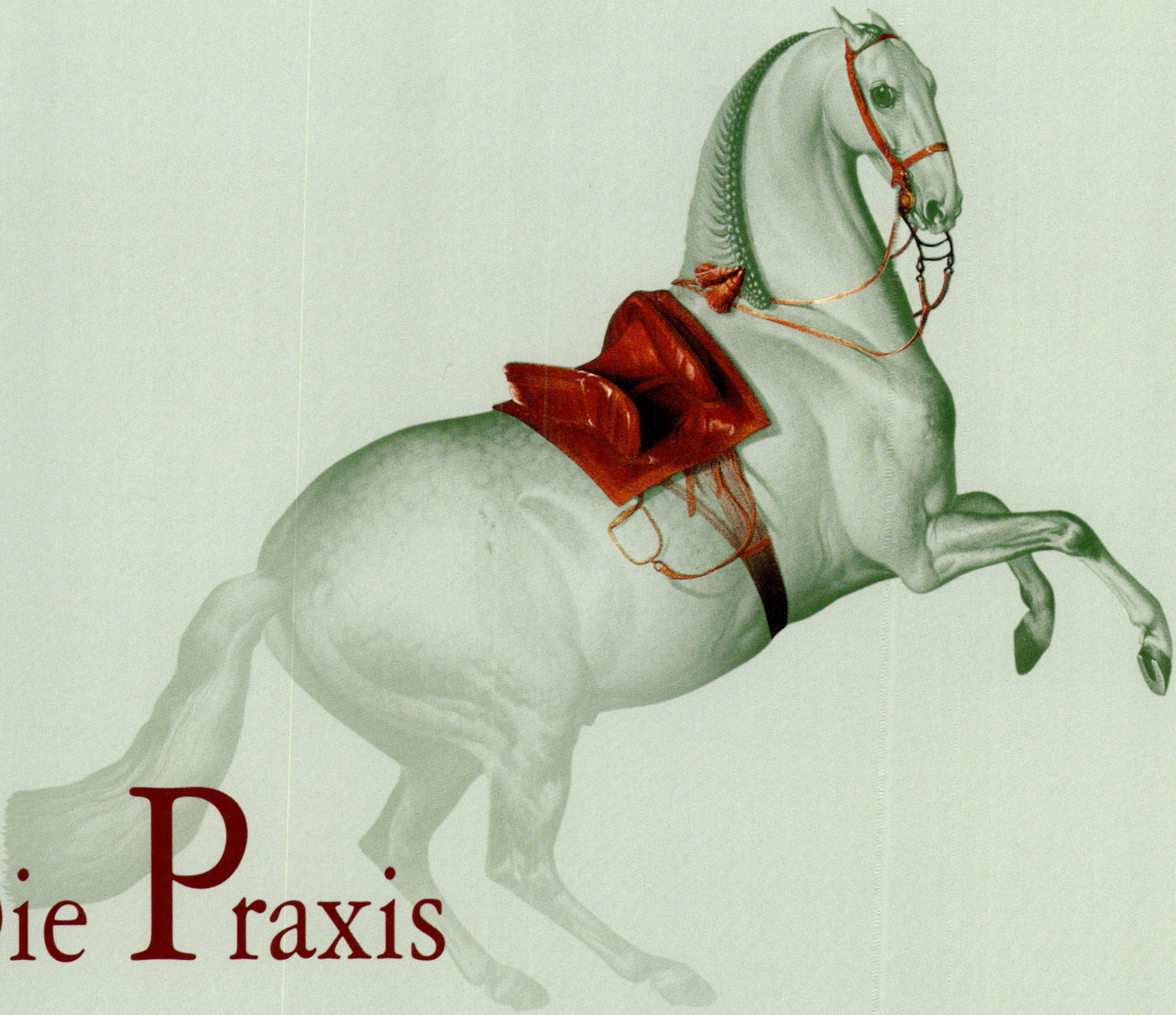

Die Praxis

Hinweise zu Kauf, Haltung und Ausbildung

Dieses Kapitel soll dem Leser eine gewisse Hilfestellung geben, das Lipizzaner Pferd zu beurteilen. Es soll helfen eine Kaufentscheidung zu treffen und die Haltung und Ausbildung eines Lipizzaners zu erleichtern.

Natürlich gelten auch für den Lipizzaner weitgehend dieselben Richtlinien wie bei allen anderen Pferden, allerdings sind einige Besonderheiten zu beachten, welche die Rasse von anderen unterscheiden.

Der Lipizzaner ist ein seit Jahrhunderten für bestimmte Zwecke gezüchtetes Pferd, das während dieses langen Zeitraumes eigene Merkmale ausbilden konnte. Es sind gerade diese Charakteristika, welche der Rasse ihre Anhängerschaft bescheren und sie zu etwas Besonderem machen.

Ein Hengstmodell im klassischen barocken Typ. Foto: Slawik

Das Exterieur des Lipizzaners

Um den unterschiedlichen Zuchtzielen weltweit Rechnung zu tragen, hat die Zuchtkommission der Lipizzan International Federation (L.I.F.) im Jahre 1986 bewusst eine breite Definition verfasst:

- Der Lipizzaner hat unter den Pferderassen eine exklusive Stellung und ist die älteste Kulturpferderasse Europas.
- Beim Lipizzaner als Paradepferd stehen im Vordergrund die Noblesse und die rassespezifische Ausstrahlung bei seiner Verwendung im Dressur- und Fahrsport.
- Er zeichnet sich durch ein ausgeglichenes Temperament und guten Charakter aus.
- Das angestrebte Körperformat ist ein Rechteck, bei einer Größe zwischen 1,55 Meter und 1,58 Meter Stockmaß.
- Die traditionelle Schimmelfarbe soll dominieren.

Als Grundlage für die Beurteilung des klassischen Lipizzanerpferdes kann nur das ursprüngliche Zuchtziel dienen. Dieses ist seit über 400 Jahren klar und strikt vorgegeben und lautet, Hengste für die Verwendung an der Spanischen Reitschule zu ziehen, die allen Anforderungen der klassischen Reitkunst entsprechen. Stuten und Wallache fanden als noble Gespannpferde am Wiener Kaiserhof Verwendung, solange dieser existierte. Diese Pferde gingen als so genannte Kaiserschimmel in den Wortschatz der Wiener Bevölkerung ein und waren damals ein Begriff für Eleganz und Noblesse.

Von allen Zuchtländern hat Österreich am engsten an dieser Vorgabe festgehalten, steht

Eine Zuchtstute mit viel mütterlichem Ausdruck
Foto: Slawik

uns doch in der Spanischen Reitschule die ursprüngliche, klare Zielsetzung vor Augen und eine ideale Hengstleistungsprüfungsanstalt zur Verfügung.

Die folgende Typ-Beschreibung ist der Habilitation von Prof. Dr. Jaromir Oulehla entnommen:

„Der Lipizzaner ist ein ausdrucksvolles, im Gesamtbild harmonisches Pferd von barockem Typ. Seine Haltung ist adelig, der Rahmen längsrechteckig, seltener quadratisch. Das Stockmaß liegt meist um 157 Zentimeter.

Der noble **Kopf** *ist ein Markenzeichen! Die feine Kinnpartie, die breite, flache Stirn, das sensible Ohrenspiel und besonders das große, dunkle Auge verraten Adel und Intelligenz. Wenn auch manchmal im Verhältnis zum Körper etwas groß, so ist der gerade oder leicht geramste Kopf mit guter Ganaschenfreiheit unbedingt elegant zu nennen.*

Der **Hals** *entspricht den Anforderungen des Barock, denn er ist relativ stark, breit angesetzt und harmonisch gebogen. Edel getragen, soll ihn eine feine, lange Mähne zieren. Die Kopf-Halspartie trägt wesentlich zur Ausstrahlung des Pferdes bei.*

Die **Schulter** *soll lang und schräg gelagert sein, allerdings wird durch den häufig etwas schwach ausgeprägten* **Widerrist** *die Sattellage ungünstig beeinflusst. Entsprechend den so genannten Reitpferdepoints ist auf eine möglichst korrekte Form des Widerristes zu achten, sonst wird die reiterliche oder fahrerische Verwendung beeinträchtigt.*

Der **Rücken** *ist breit, muskulös und gut geschlossen. Er geht in eine gut proportionierte, harmonische und kräftige* **Kruppe** *über; die Lenden sind breit und kernig. Bei guter Tiefe und Breite ist der Lipizzaner ein abgedrehtes, kompaktes Pferd.*

Das Auge ist auch beim Pferd der Spiegel der Seele.
Foto: Slawik

Seidiges Langhaar ist typisch für den Lipizzaner.
Foto: Slawik

*Die **Extremitäten** sind relativ kurz und besonders stark, mit gut ausgebildeten Sehnen und Gelenken. Auf korrekte Stellung und schön geformte **Hufe** ist großer Wert zu legen.*

*Die **Bewegungen** sind elegant, energisch und elastisch; die Aktion ist höher als bei anderen Rassen. Die Aktion ist hoch, energisch und doch graziös, aber auch weniger ergiebig im Raumgriff. Haltung, Aktion und Exterieur weisen auf die Verwendung als Paradepferd und für die hohe Schule hin.*

*Die **interieuren Merkmale** sind Ausdauer, Gelehrigkeit und Gehorsam bei hoher Leistungsfreude. Geduld und Gutmütigkeit sowie willige Wiederholung der Leistungen. Die Rasse ist ideal geeignet für die klassische Reitkunst, die Dressur, den Fahrsport und auch das gehobene Freizeitreiten.*

*Hervorzuheben sind die **Spätreife** und die **Genügsamkeit**. Bei einem Minimum an Futter weist der Lipizzaner beste körperliche Kondition auf, er ist ausgesprochen leichtfuttrig."*

Die obigen Ausführungen müssen durch die Feststellung ergänzt werden, dass es natürlich innerhalb der Rasse und auch im Vergleich der einzelnen Gestüte und Zuchtgebiete zu deutlichen Typschwankungen und Unterschieden kommt. Besonders deutlich ist dies allein schon daran erkennbar, dass man einerseits den klassischen, barocken Typ zu erhalten sucht, andererseits aber einen etwas moderneren, großlinigeren Typ schaffen möchte. Auch ein ausgesprochener Wagentyp mit Merkmalen des Karossiers existiert.

Wenngleich auch die grundlegenden Rassenmerkmale niemals ganz unterdrückt oder ausgelöscht werden sollen, so strebt man doch in den verschiedenen Gestüten etwas differenzierte Ausformungen des Lipizzaners an. In Piber dominiert beispielsweise der klassische Typ, der bei mittlerer Größe und harmonischem Körperbau einen besonders edlen, nicht extrem geramsten Kopf aufweist. Im ungarischen Szilvásvárad findet man vornehmlich große, kräftige Pferde mit deutlichem Ramsprofil, die zudem in Gangmanier und Kaliber eher für den Zugdienst geeignet erscheinen. Nicht umsonst haben ungarische Lipizzaner im Fahrsport bis zu höchstem internationalen Niveau schon oft ihre Ausdauer, Gelehrigkeit und Schnelligkeit bewiesen. Im slowakischen Topolcianky findet man häufig den großen, etwas mehr reitpointierten Lipizzaner, der meist einen geraden Kopf und ökonomische Gänge aufweist. Auch das Stammgestüt Lipizza (Lipica) versucht seit einiger Zeit, einen etwas stärker reitpointierten Lipizzaner zu schaffen, der neben seinen traditionellen Merkmalen auch einen verbesserten Widerrist, eine straffere Oberlinie und einen weniger barocken Hals aufweist.

Tipps für den Kauf eines Lipizzaners

Wer sich mit dem Gedanken trägt, einen Lipizzaner zu kaufen, der sollte vorweg einige Überlegungen anstellen, die ihm die Auswahl eines passenden Pferdes erleichtern. In jedem Fall empfiehlt es sich, mit der (den) jeweils zuständigen Zuchtorganisation(en) Kontakt aufzunehmen und sich genau über Zuchtstätten sowie Typ und Herkunft der angebotenen Tiere zu informieren. Die recht breite Typvarianz innerhalb der Rasse gilt es beim Kauf je nach Einsatzzweck des Pferdes durchaus zu berücksichtigen. Da reinrassige Lipizzaner ziemlich selten sind, ist das Angebot in West- und Mitteleuropa meist recht klein. Manche osteuropäischen Gestüte und Landeszuchten verfügen über größere Bestände verkäuflicher Pferde, hier sollte man sich aber genau über den Typ, die Qualität und die Aufzucht informieren.

Die nationalen Zuchtverbände geben Auskunft zu allen fachlichen Fragen und können beratend zugezogen werden. Auch die meisten

Vertrauen und Gehorsam bilden auch beim Lipizzaner die Grundfesten der Kameradschaft mit dem Menschen.
Foto: Slawik

Fallweise werden in Piber junge Lipizzaner zum Verkauf angeboten. Foto: Blaha

großen Gestüte haben Erfahrung im Export von Pferden und können zuverlässige Informationen zu den Verkaufspferden bieten. Ist man selbst kein ausgesprochener Lipizzanerkenner, so sollte man von Einkaufsexpeditionen im Alleingang in unbekannte Regionen absehen; dies besonders im ehemaligen Ostblock, wo man mit Sprache und Formularen, Exportbedingungen und Klärung der Abstammung und Reinrassigkeit unter Umständen hoffnungslos überfordert ist. Es sei dringend geraten, die Hilfe eines verlässlichen Kenners der Rasse und der lokalen Umstände in Anspruch zu nehmen.

Das Gestüt Piber gibt fallweise Jungpferde beiderlei Geschlechts ab, die je nach Altersstufe preislich bei etwa 2700 Euro (für Fohlen), 4200 (für Jährlinge) und 5600 Euro (für Zwei- und Dreijährige) liegen. Es bestehen jedoch konkrete Pläne, den bisher sehr einfachen Verkaufsmodus abzuändern und eine gezieltere Vermarktung der Piberer Lipizzaner aller Altersstufen vorzunehmen, indem hauptsächlich schon eingerittene oder eingefahrene, etwas ältere Tiere angeboten werden sollen. Man denkt für die Zukunft an Versteigerungen, bei denen Tiere aus dem Gestüt und auch ausgemusterte Hengste der Spanischen Hofreitschule ausgerufen werden sollen. Dadurch will man eine Anhebung des mit dem Erwerb eines Lipizzaners verbundenen Prestiges erreichen sowie eine größere Transparenz im Hinblick auf die Qualität der angebotenen Tiere bieten, die ja nur bei ausgebildeten Pferden sichtbar wird.

In allen großen Gestüten der Nachfolgestaaten der österreichisch-ungarischen Doppelmonarchie werden Lipizzaner wie damals in der

Jene Pferde, die von Gestüt und Reitschule abgegeben werden, sind natürlich nicht bis zur hohen Schule gefördert. Foto: Blaha

Hengste versuchen immer, ihr dominantes Verhalten auszuleben. Foto: Blaha

erprobten Gestütstradition Altösterreichs gehalten und aufgezogen. Das heißt, dass sich die Mutterstuten in großen Laufställen aufhalten, im Sommer täglich Weidegang und im Winter täglich Auslauf genießen können. Die Jungpferde werden in der Herde ebenfalls in Laufställen gehalten, leben jedoch im Sommer meist über einige Monate freilaufend auf großen Weiden oder Almen in einer Art Robusthaltung. Meist beginnt die Ausbildung mit drei oder vier Jahren, mit diesem Alter kommen die Pferde dann in Boxen oder Stände.

Für den Käufer eines Lipizzaners ergeben sich daraus folgende Gesichtspunkte:

Derart aufgezogene Pferde sind grundsätzlich so weit abgehärtet, dass sie mit einer vernünftigen, verantwortungsvollen Robusthaltung gut zurecht kommen. Sie sind meist gut sozialisiert und zeigen weder dem Menschen noch anderen Pferden gegenüber übermäßige Aggressionen.

Das Problem Hengst

Aufgrund der Herdenhaltung, die ab dem ersten Lebensjahr nach Geschlechtern getrennt erfolgt, kann es bei Hengsten vereinzelt zu ausgeprägtem Dominanzverhalten kommen, insbesondere bei Jungpferden. Diese versuchen dann, sich gegen alle anderen Pferde durchzusetzen und müssen ihre natürliche Dominanz erst ablegen. Die rechtzeitige Kastration ist bei allen männlichen Gebrauchspferden, die nicht über Vererber-Qualität verfügen, dringend anzuraten. Immer wieder bekommt man als Besitzer von Barockpferden – und zu diesen sind die Lipizzaner ja unbedingt zu zählen – zu hören, dass eine Kastration unnötig oder sogar schädlich für den Ausdruck eines Hengstes sei, dass man männliche Barockpferde grundsätzlich nicht zu legen brauche oder dass es gegen alle Tradition sei, einen Lipizzaner zu kastrieren.

Der „Schmelz" des Hengstes ist im Turniersport zwar attraktiv, aber nicht unbedingt notwendig.
Foto: Slawik

Alle diese Argumente sind jedoch nur teilweise zutreffend. Ein sehr versierter Reiter, der mit Hengsten umzugehen weiß, mag sich auf einem solchen Tier wohl fühlen und es zu höchster Entfaltung bringen können, ohne den Risiken und Nachteilen viel Bedeutung schenken zu müssen. Für den durchschnittlichen Reiter, der nur über normale Haltungsmöglichkeiten verfügt, ist ein Hengst jedoch meistens ein Risiko und eine Belastung. Hengste behalten in Gesellschaft von Stuten und Wallachen beinahe immer einen Rest an Unberechenbarkeit, auch wenn dies von vielen Hengstbesitzern rundheraus abgestritten wird. Zudem ist es meist unmöglich, einem männlichen Tier mit bereits ausgeprägtem Geschlechtstrieb eine einigermaßen artgerechte, naturnahe Lebensform zu bieten. Dies betrifft besonders solche Hengste, die bereits im Deckeinsatz waren und daher jedes weibliche Tier als möglichen Paarungspartner ansehen. Der Hengst fristet dann sein Leben in Einzelhaft, ohne direkten Kontakt zu anderen Pferden (Stuten), wie es die Natur für ihn eigentlich vorgesehen hätte. Der oft zitierte „Schmelz" oder „Hengstausdruck" unter dem Reiter ist dann weitgehend auf unterdrückte Sexualimpulse zurückzuführen, die keineswegs als Resultat eines zufriedenen, in sich ruhenden Seelenlebens zu verstehen sind.

Das oft gehörte Argument, dass man ja auch an der Spanischen Reitschule in Wien nur Hengste reite und diese alle sehr zufrieden wirkten, ist insofern nicht zulässig, als an diesem Institut die Pferde keinerlei Kontakt mit andersgeschlechtlichen Pferden ausgesetzt sind. Sie leben also gewissermaßen in einem Junggesellenverband, wie das auch in der Natur vorkommt. Solange kein Anreiz von außen besteht, eine sexuell betonte, natürliche Hierarchie herzustellen, und solange strikte Disziplin herrscht, ist die Haltung und Arbeit in einer Hengstgruppe erfolgreich möglich. In der Praxis der landläufigen Pferdehaltung sind solche Bedingungen nicht oder kaum jemals vorhanden.

Dem privaten Besitzer eines Hengstes, der im Rahmen eines normalen Reitbetriebes gehalten werden muss, sei daher zur Kastration geraten, um sich und dem Tier mögliche Schwierigkeiten und Frustrationen zu ersparen. Als ideales Alter für eine Kastration wird allgemein der Zeitraum vom zwölften bis achtzehnten Lebensmonat angenommen, aber auch spätere Eingriffe sind durchaus möglich und heute ohne Risiko durchführbar. Der Verlust an Hengstausdruck, der manchmal für Dressurpferde der höchsten Leistungsklassen gewünscht wird, ist für den Privatreiter von keinerlei Bedeutung. Die Vorteile des Wallachs, seine größere Konzentra-

Viele Lipizzaner eignen sich nach einfühlsamer Ausbildung durchaus als nervenstarke Freizeitpferde. Foto: Slawik

tionsfähigkeit, der fehlende Geschlechtstrieb und das verlässlichere Temperament machen diesen Nachteil wieder wett. Dies ist der Grund, warum man nach wie vor auch im höchsten Dressursport überwiegend Wallache und nur selten Hengste im Einsatz findet.

Dem Argument, dass man Barockpferde männlichen Geschlechts grundsätzlich nicht kastrieren sollte, steht auch entgegen, dass man am Wiener Kaiserhof (in den Hofstallungen) grundsätzlich nur Stuten und Wallache der Lipizzaner Rasse als leichte Kutschpferde verwendete. Hengste blieben nur jene Tiere, deren Qualität und Stammbaum eine Verwendung an der Hengstleistungsprüfungsanstalt der Spanischen Hofreitschule angebracht erschienen ließ oder die aufgrund ihrer Qualität in der Landeszucht verwendet wurden. Die im heutigen Sinne als Gebrauchspferde (Schimmelzüge) am Kaiserhof verwendeten männlichen Pferde waren stets Wallache.

Gibt es nervige Lipizzaner?

Die Literatur verneint dies vehement. Das liegt zum Teil daran, dass sämtliche Fachbücher über die Lipizzaner Rasse von ausgesprochenen Anhängern dieser Pferde verfasst wurden, denen bei aller Sachkenntnis eine gewisse Voreingenommenheit nicht abgesprochen werden kann. Es ist beinahe zur hippologischen Tradition geworden, den Lipizzaner als „besonders nobel, treu, gutmütig und nervenstark" zu bezeichnen. Wenn dies auch überwiegend zutrifft, so darf man darob nicht die Realität vergessen.

Wie bei allen anderen Pferderassen kann es auch beim Lipizzaner zum vereinzelten Auftreten besonders nervöser oder schreckhafter Tiere kommen, wobei dies sicherlich nicht die Regel ist. Solche Pferde lassen sich erfahrungsgemäß

Der Gesichtsausdruck des Hengstes spiegelt nobles Feuer und hohe Aufmerksamkeit wider. Foto: Slawik

nicht durch hartes Durchgreifen oder Abstrafen korrigieren, sondern nur durch Geduld, Regelmäßigkeit und Konsequenz. Aufgrund seiner Sensibilität nimmt der Lipizzaner jede ungerechte Bestrafung sehr übel und wird dann leicht sauer oder nervig. Nur bei geduldiger Ausbildung, bei klarer Aufgabenstellung und einem hohen Maß an Reitertakt entfaltet er seine Fähigkeiten optimal.

Manchmal wird der Rasse auch eine gewisse Sturheit nachgesagt, die sich in einem mehr oder weniger hartnäckigen Verweigern der Mitarbeit oder in einem Flüchten vor der gestellten Aufgabe äußern kann. Es sei festgehalten, dass der Lipizzaner nicht immer ganz einfach ist und sich in seltenen Einzelfällen nicht als gemütliches Freizeit- oder Anfängerpferd eignen kann. Als sensibles Pferd ist er eben leicht verdorben.

Der Lipizzaner genießt eine abwechslungsreiche Arbeit mit differenzierten Anforderungen, fügt sich andererseits aber gerne in eine gewisse Routine ein und ordnet sich dieser problemlos unter. Beim ausgereiften Lipizzaner wünscht man sich eine hohe Konzentrationsfähigkeit und die Bereitschaft, Lektionen widerstandslos oft zu wiederholen, also die generellen Merkmale eines guten Dressurpferdes.

Die Intelligenz des Lipizzaners

Ebenso wie der besonders noble Charakter und das ideale Temperament des Lipizzaners in der Literatur immer wieder hervorgehoben werden, so findet sich auch stets der Hinweis auf die besondere Intelligenz dieser Rasse. Es ist gewissermaßen eine schriftstellerische Tradition, die mentalen und psychischen Eigenschaften des Lipizzaners gegenüber allen anderen Rassen hervorzuheben und als besonders bemerkenswert darzustellen.

Im Großen und Ganzen gehören diese Feststellungen in den Bereich des Mythos. Die

Lipizzaner-Rasse ist seit rund 400 Jahren ziemlich konsequent durchgezüchtet und auf gewisse Merkmale und Eigenschaften selektiert worden. Zu diesen zählen neben anderen auch Rittigkeit und Wesensfestigkeit. Dies verschafft ihr einen Selektionsvorsprung gegenüber unselektierten Rassen oder solchen, bei denen andere Parameter im Vordergrund standen, wie zum Beispiel das Englische Vollblut, bei dem einzig und allein die Schnelligkeit als Zuchtziel herangezogen wurde. Es ist allerdings nicht möglich, auch nicht durch noch so lange Selektion, eine Rasse hinsichtlich ihrer Charaktermerkmale so zu formen, dass sie lauter Überpferde hervorbringt.

Die hoch gerühmte Intelligenz der Lipizzaner ist nicht höher einzuschätzen als jene irgend einer anderen Pferderasse. Es ist jedoch unbestritten, dass der Lipizzaner eine gewisse Grundeignung für die Lektionen und den Ausbildungsweg der klassischen Dressur mitbringt, ihm somit manches leichter fällt, was einem anderen Pferd eventuell mehr abverlangen würde. Hier spielen jedoch körperliche Eigenschaften mitunter eine größere Rolle als mentale, beziehungsweise sind diese eng miteinander verflochten.

Meiner Meinung nach rühmen viele Autoren die Intelligenz des Lipizzaners deshalb, weil die Vorführungen der Spanischen Hofreitschule zu Wien von derart großer Präzision und scheinbarer Mühelosigkeit geprägt sind, dass man automatisch versucht ist, die Protagonisten als Wunderpferde anzusehen, was sie natürlich nicht sind. Vielmehr tragen eine langsame und bis ins Detail korrekte Ausbildung, eine lineare Steigerung der Anforderungen und hohes reiterliches Können dazu bei, die Hengste zu schöner Harmonie und Einheit zu bringen. Besondere Intelligenz ist zum Erreichen der reiterlichen Anforderungen nicht nötig. Der Lipizzaner ist ein Pferd, mit dem man als denkender, fühlender und sensibler Reiter oder Fahrer viel Freude haben kann, weil er eben über einen besonderen Charme und viele gute Eigenschaften verfügt – die gesamte Rasse als überdurchschnittlich intelligent hinzustellen ist allerdings falsch. Lipizzaner sind im Durchschnitt auch nicht mehr oder weniger gescheit als alle anderen Pferde.

Härte und Genügsamkeit

Von jeher sind Lipizzaner einer rigorosen Auslese unterworfen gewesen, sei es im landwirtschaftlichen Alltag, im Turniersport oder durch gestütsinterne Leistungsprüfungen. Eine robuste Gesundheit, körperliche Stabilität und Leichtfuttrigkeit zeichnen nahezu die gesamte Rasse aus. Dies mag zum Teil darin wurzeln, dass man die in den großen Gestüten gezogenen Lipizzaner in allen Ländern relativ gut aufzieht und frühzeitig abhärtet.

Über die breite Masse der zum Teil nicht reinrassigen Lipizzaner in den östlichen Landeszuchten ist hier keine Aussage möglich, doch genießen sie ebenfalls den Ruf guter Härte und Ausdauer.

Lipizzaner können bei entsprechender Fütterung und Vorbereitung hohe Dauerleistungen vollbringen, wobei ihre bevorzugte Gangart der Trab ist. Da Schritt und Galopp mitunter nicht besonders raumgreifend und elastisch sind, müssen diese beiden Gangarten schulmäßig gefördert und perfektioniert werden, um zu höchster Entfaltung zu gelangen. Der Trab ist jedoch meistens elastisch und raumgreifend, was besonders im Fahrsport von Bedeutung ist.

An die Fütterung stellt der aus dem rauen Karst stammende Lipizzaner nur geringe Ansprüche. Bei mittlerer Größe und einem gut ausgebildeten Verdauungstrakt benötigt er durchschnittlich weit weniger Futter als ein Sportpferd mit Vollblutanteil bei vergleichbarer Leistung. Seine Ausgeglichenheit trägt dazu bei, dass das Futter gut verdaut und in verwertbare Energie umgesetzt wird.

Es empfiehlt sich, das Kraftfutter (Hafer, Pellets, Müsli) gegenüber den üblichen Mengen für ein Sportpferd deutlich zu reduzieren und sich erst langsam an die gut verträgliche und dem Arbeitsmaß angepasste Menge heranzutasten. Mit gutem Gras oder Heu und Futterstroh sowie einer gezielten Zufütterung von Vitaminen und einer mäßigen Kraftfuttergabe ist der Grundbedarf meist abgedeckt, erst bei steigender Leistungsanforderung ergibt sich die Notwendigkeit einer entsprechend höheren Kraftfutterreichung.

Die klimatische Anpassung der Rasse an das kontinentale Klima ist längst abgeschlossen, weshalb sie ohne Probleme auch im Offenstall und im Sommer ganztägig auf der Weide gehalten werden kann, wenn genügend Schutz vor der prallen Sonne und den Fliegen gegeben ist. Das zuweilen etwas feine, kurze Winterfell ist für eine winterliche Robusthaltung durchaus dicht und warm genug, vorausgesetzt man hat dem Pferd die Möglichkeit gegeben, sich während der Herbstmonate auf die kalte Witterung einzustellen.

Das Hornmaterial der Hufe ist meist von guter Qualität und macht einen Beschlag oft überflüssig, wenn nicht häufig größere Strecken auf Asphalt oder Schotter zurückgelegt werden. Bei normaler Arbeit im Viereck und auf weichem Terrain sollten Hufeisen in der Regel überflüssig sein. Immer wieder ist eine

In Piber wachsen die Junghengste während des Sommers auf Hochweiden heran. Foto: Blaha

Sogar eine dürftige Weide bietet dem Lipizzaner meist noch ausreichende Futtergrundlage. Foto: Slawik

Tendenz zu vorne zehenenger Stellung zu beobachten, die auch einen leicht schaufelnden Gang bewirkt. Das ist als bedingt rassetypisch zu bewerten und kann durch sachgemäße Hufkorrektur behoben oder zumindest abgeschwächt werden.

Das Schimmel-Melanom

Schimmel aller Rassen neigen mit fortschreitendem Alter zur Bildung von Melanomen. Melanome sind Tumore der Melanozyten, jener Zellen, die das Hautpigment Melanin bilden.

Bei gesunden Pferden vermehren sich die Melanozyten geordnet, bei Melanom-Patienten wuchern sie allerdings im Übermaß. Sie lagern sich meist unter der Haut (oder seltener in anderem Gewebe) ab. Dort bilden sie dann mehr oder weniger große Klumpen, die sich als schwärzliche Geschwulst meist an der Analregion oder der Unterseite der Schweifrübe finden. Der Grund für die Melanombildung ist unbekannt, dürfte aber mit dem Schimmel-Gen zusammenhängen, da beinahe nur weiße Pferde erkranken.

Als Rasse mit einem außergewöhnlich hohen Anteil an Schimmeln ist es daher fast unvermeidlich, dass über 50 Prozent aller Lipizzaner an Melanomen erkranken. Das Ausmaß kann dabei von einem kleinen bis zu vielen großen Tumoren gehen. Diese wachsen meist langsam und ohne Metastasen zu bilden. Mechanisch oder chemisch gereizt, können Melanome jedoch metastasieren, wobei das Lymphsystem als Transportbahn dient. Bei alten Schimmeln wurde häufig festgestellt, dass ihr Körper innerlich voller Melanom-Metastasen war, ohne dass

Große Geduld und viel Lob bildet die Grundlage jeder erfolgreichen Ausbildung eines Lipizzaners. Foto: Slawik

eine Beeinträchtigung der Leistung oder Lebensqualität vorlag. Mir persönlich ist nur ein einziger Fall bekannt, wo ein Pferd wegen Melanomen getötet werden musste – dies war allerdings kein Lipizzaner, sondern ein Connemara-Schimmel.

Meist verursachen einzelne, kleine Melanome also keine großen Beschwerden. Große Metastasen im Bauchraum können Koliken verursachen, solche unter der Schweifrübe beim Misten und bei Stuten auch beim Decken hinderlich sein. Am Kopf kommen sie immer wieder in der Augen- und Ohrspeicheldrüsengegend vor. Dann kann es zu Problemen mit dem Zaumzeug oder mit der Beizäumung kommen.

Von der Bedeutung einer langsamen Ausbildung

Wie viele andere Rassen, die sich auf iberische Wurzeln zurückführen lassen, profitiert auch der Lipizzaner besonders von einer langsamen, fachgerechten und vorsichtigen Ausbildung. Sein Gangwerk ist von Natur aus recht gut, er lässt sich leicht in die vom Reitpferd geforderte Haltung bringen und er ist lernwillig und oft auch sehr sensibel.

Der Schritt ist bei dieser Rasse etwas weniger gut ausgeprägt als bei modernen Sportpferden. Er neigt manchmal zu leicht passartigen Verschiebungen und kann durch zu frühes oder zu grobes Versammeln leicht gestört werden: ein Fehler, der sich nur schwer – wenn überhaupt – beseitigen lässt. Gerade im ersten Stadium der Ausbildung ist daher darauf zu achten, dass

Korrektes Longieren mit Kappzaum, Ausbindern und Gurt – so wie hier in der Sommerreitschule der Spanischen Reitschule im Herzen Wiens – fördert die Reitausbildung jedes Pferdes, besonders aber die des Lipizzaners. Foto: Henric F. J. Brabec d'Ipra

der Schritt in seinem klaren Vierschlag und in seinem natürlichen Raumgriff erhalten bleibt.

Der Trab ist meist etwas höher und kadenzierter als beim Sportpferd, er lässt in Takt und Schwung selten Wünsche offen und stellt gewissermaßen die beste Gangart dar. Die leicht zu fördernde Kadenz ist die Grundlage für Piaffe und Passage, welche dem Lipizzaner praktisch in die Wiege gelegt sind. Auch die Ausdauer im Trab ist meist sehr gut, was vor allem für die Verwendung im Geschirr eine Rolle spielt.

Der Galopp des Lipizzaners ist im Idealfall, ebenso wie beim guten Sportpferd, taktklar und gut durchgesprungen. Er weist etwas Aufwärtstendenz und gute Rückentätigkeit auf und unterscheidet sich kaum vom Galopp anderer Warmblutrassen.

Manchmal jedoch kann er tendenziell in Raumgriff und Elastizität letzte Wünsche offen lassen. Daher ist es speziell bei dieser Rasse ratsam, die Galopparbeit nicht zu früh zu beginnen, denn erst wenn das Pferd im Schritt und Trab sicher an den Hilfen steht, sein Gleichgewicht wieder gefunden hat und ausreichend geschmeidig geworden ist, dann kann es den Galopp gut bewältigen. Es schadet durchaus nicht, die junge Remonte vorerst einige Monate lang nur im Schritt und Trab zu arbeiten und darauf zu warten, dass sie den Galopp quasi freiwillig anbietet. Auch fachgerechtes Longieren – vorerst ohne, später mit Reiter – kann hierbei helfen.

Jedes Pferd, und das gilt auch für den Lipizzaner, profitiert von einer ausreichend langen Ausbildung an der Longe, ehe es zugeritten wird. Die Longenarbeit sollte sich durchaus noch weit in die Reitausbildung hineinziehen und quasi ergänzend zu dieser immer wieder die Grundelemente Vertrauen, Schwung, Takt und Losgelassenheit festigen. Nicht umsonst dauert sie an der Spanischen Reitschule mindestens acht, oft jedoch bis zu zwölf Wochen.

Die klassische Reitkunst

Die Spanische Reitschule zu Wien

Ein Reitplatz im Herzen Wiens

100 Gulden, eine nicht gerade überwältigende Summe, wurden am 20. September des Jahres 1565 von der kaiserlichen Kanzlei bewilligt, zur „Aufrichtung eines Tumblplatzes im Garten an der Purgkh allhie.“ Man opferte dafür einen beträchtlichen Teil des so genannten Paradeisgartls, also des Paradiesgartens der kaiserlichen Familie, der seit dem 14. oder frühen 15. Jahrhundert bestand und Wasserspiele, Grotten, Statuen und andere Zerstreuungen enthielt. 1529 wurde die Parkanlage während der ersten Türkenbelagerung verwüstet und im Zuge der Neuanlage richtete man einen Tur-

Die Lipizzaner bei der Morgenarbeit in der barocken Reithalle der Spanischen Reitschule zu Wien. Gemälde von Julius von Blaas: Archiv Haller

nierplatz ein, der sich zu einem Reitplatz entwickelte. Damals muss man am Hof den Wunsch verspürt haben, die reiterliche Erziehung, das ritterliche Denken und Benehmen der jungen, männlichen Adeligen und Söhne der oberen Zehntausend zu fördern.

Wann aus dem offenen Platz eine überdachte Reitbahn wurde, ist unklar, aber es muss wohl um 1572, möglicherweise auch schon etwas früher gewesen sein. Einen historischen Hinweis liefert eine Urkunde von 1593 – eine längst fällige Renovierung des „Roß Dumbl Platz" stand an, der zwar bereits überdacht, aber rundum noch offen war.

Unter Kaiser Leopold I. errichtete Hofbaumeister Johann Philipp Quenzer im Jahre 1681 auf dem Rosstummelplatz einen zweistöckigen Bau, der wegen der 1683 stattfindenden Türkenbelagerung nicht fertiggestellt wurde. Dennoch – im notdürftig benutzbaren Erdgeschoss waren die kaiserlichen Pferde längere Zeit aufgestallt.

Die barocke Reithalle

Erst Kaiser Karl VI. konnte wieder große bauliche Veränderungen vollbringen, denn inzwischen waren die stürmischen Zeiten der Türkenkriege und des Spanischen Erbfolgekrieges vorüber. Karl wollte nun die leidigen Platzprobleme der kaiserlichen Bibliothek und der Reitschule endgültig lösen, womit er den genialen Hofarchitekten Johann Bernhard Fischer von Erlach beauftragte, der sich und dem Kaiser mit der Karlskirche ein bleibendes Denkmal gesetzt hatte. Nachdem der Meister erste Pläne angefertigt hatte, verstarb er überraschend und sein Sohn, Josef Emanuel, führte den Auftrag zu Ende. Er setzte dem maximilianischen Renaissance-Palast der Stallburg – sie ist tatsächlich das Stallgebäude der Lipizzaner – eine barocke Halle gegenüber, vier

In der Mitte der Reitfläche stehen die Pilaren, die in der klassischen Reitkunst als Ausbildungshilfe dienen.
Foto: Henric F. J. Brabec d'Ipra

Stock oder 17 Meter hoch, 55 Meter lang und 18 Meter breit (Innenmaße). Das Dach wird außen von einer prächtigen Kuppel gekrönt, 46 korinthische Säulen tragen die Galerie und der Saal wird von einer kunstvollen Kassettendecke abgeschlossen. Alles erstrahlt in einem milden Weiß, das durch die hohen Fenster hereinströmt und sich in den kristallenen Lüstern zu glitzerndem Feuer konzentriert. Am Kopfende des Saales befindet sich die prunkvolle Hofloge, darunter eine Loge mit einigen wenigen Stuhlreihen vor einem gewaltigen Kamin, die besonderen Gästen der Schule und den Reitern vorbehalten ist, da man von hier die Arbeit der Lipizzaner am genauesten beobachten kann.

Die Reitschule genoss bereits damals einen europaweiten Ruf und die Wiener Bereiter waren angesehene Meister ihrer Kunst, wenn sie auch nur sporadisch auswärts wirkten. Nun fand in dem 1735 vollendeten Neubau, der zu Recht als die schönste Reithalle der Welt gilt, die klassische Reitkunst ein neues Zuhause.

Zur täglichen Arbeit überqueren die Pferde an der Hand ihrer Pfleger die Reitschulgasse, wobei der Verkehr kurzzeitig angehalten wird. Im Inneren des barocken Traktes führt ein schmaler, verborgener Gang, der mit Sand belegt ist, an der eigentlichen Reitbahn entlang; hier wird nachgesattelt und aufgestiegen. Eingeritten wird bei der Morgenarbeit durch einen schmalen Bogen seitlich unterhalb der Hofloge. Zu den Vorführungen öffnet man das breite Glastor genau gegenüber und die Hengste kommen vom anderen Ende der Halle schnurgerade auf das Porträt Karl des VI. in der Hofloge zu.

In der Mitte der Reitfläche befinden sich zwei Säulen, die so genannten Pilaren, die mit je einer österreichischen Flagge geschmückt sind. In einem Abstand von rund 1,5 Meter

Während der warmen Jahreszeit findet das morgendliche Training der weißen Hengste häufig in der Sommerreitschule statt.
Foto: Henric F. J. Brabec d'Ipra

voneinander fest im Boden verankert, dienen sie in der klassisch-traditionellen Reitkunst als Ausbildungshilfe im Dienste der Versammlung des Pferdes. Mit einem besonders stabilen Lederhalfter und zwei seitlichen Zügeln an den Ringen der Pilaren festgemacht, erlernt das Pferd, sich in der Piaffe auf der Stelle zu balancieren und verstärkt unterzutreten. Auch die Schulen über der Erde ohne Raumgewinn, also Levade und Kapriole, können in den Pilaren geübt werden. Die Pilarenarbeit verlangt allerdings größte Sorgfalt und Erfahrung vom Ausbilder, im turniersportlichen Ausbildungsgang verwendet man sie nicht mehr.

Die Sommerreitschule

In einem Hof von etwa 2.250 Quadratmetern, zwischen der Winterreitschule, der Schatzkammer und den Redoutensälen gelegen, findet sich eine weitere Reitbahn, die als Sommerreitschule bezeichnet wird. Von einer hölzernen Bande umgeben, bietet die Reitfläche von rund 40 mal 20 Meter den Hengsten und Bereitern die Möglichkeit, bei Schönwetter auch mitten in Wien im Freien trainieren zu können. Hohe Kastanienbäume umgeben die Bahn, einige Bänke ersetzen die Hofloge und

Dr. Werner Pohl ist der derzeitige Leiter der Wiener Schule und des Gestütes Piber. Foto: Ehringer

aus den Fenstern der umliegenden Gebäude können Wiener Beamte das für eine Großstadt ungewöhnliche, morgendliche Schauspiel verfolgen.

Die Sommerreitschule – wie auch die Winterreitschule – war während der k.u.k.-Zeit dem Publikum am Vormittag eingeschränkt zugänglich. Man konnte also dem Training beiwohnen und dabei manchmal auch die allerhöchsten Majestäten aus nächster Nähe bestaunen, die ja hier ebenfalls von Zeit zu Zeit ihre Dressurkünste verfeinerten.

Der Berichterstatter „Realis" (Gerhard Duetzle von Coeckelberghe) erwähnt Anfang des 19. Jahrhunderts explizit die Freude der Wiener, an den Reitübungen der Erzherzöge als Zuschauer teilzunehmen, um sich in alter Anhänglichkeit am Heranblühen der Söhne Maria Theresias zu erfreuen. Ein „Neuester wienerischer Wegweiser für Fremde und Inländer vom Jahre 1792" bemerkt lapidar: „Alle Vormittage kann man hier reiten sehen."

Immerhin: Zusehen durfte das Volk schon damals, und es scheint allen ein Vergnügen gewesen zu sein.

Heute ist die Morgenarbeit im Saal zwischen 10 und 12 Uhr vormittags gegen eine Eintrittsgebühr zu sehen, was für zahllose Touristen einen gewissen Ersatz für die notorisch ausgebuchten Abendvorstellungen darstellt. Diese Einrichtung kam in den 90-er Jahren des vorigen Jahrhunderts auf kaiserliche Anordnung auf, weshalb Karten-Automaten an der Spanischen Reitschule und am Oberstallmeisteramt aufgestellt wurden. Die Sommerreitschule darf aus organisatorischen Gründen vom Publikum nicht mehr betreten werden.

Offiziere, Beamte und Tierärzte

Bis in die jüngste Vergangenheit war es die Regel, einen Beamten, meist einen entsprechend qualifizierten Offizier des österreichischen Bundesheeres, zum Leiter der Schule zu ernennen. Mit der Berufung von Dr. Jaromir Oulehla zum gemeinsamen Leiter von Schule und Gestüt wurde erstmals ein Tierarzt auf diesen Posten gesetzt. Diesen Weg hat man mit der Berufung von Dr. Werner Pohl im Jahr 2001 zum Leiter beider Institute fortgesetzt. Während der gesamten Geschichte des Institutes waren immer die Oberbereiter mit der Interpretation und Durchführung der reiterlichen Grundsätze betraut. Der jeweilige Leiter war für das reiterliche Gesamtkonzept der Schule verantwortlich und gab gewissermaßen die große Linie vor, war aber vor allem nach außen hin auch der Repräsentant der Schule. Mit dem Beginn der Ersten Republik und dem Amtsantritt von Rudolf Graf van der Straten stiegen die Leiter der Spanischen Reitschule auch öffentlich in den Sattel, nahmen später an der Spitze der Abteilung und in gleicher Uniformierung an Vorführungen teil und bildeten ihre Hengste persönlich aus.

Dies änderte sich bereits unter General Kurt Albrecht (Leiter der Spanischen Reitschule von 1974 bis 1985), denn obwohl er ein hervorragender Experte des Dressurreitens war, nahm er nicht mehr an den Vorführungen teil. Dr. Jaromir Oulehla überließ die Arbeit im Sattel wieder zur Gänze den Bereitern und widmete sich vornehmlich dem verwaltungstechnischen und tiermedizinischen Bereich der Schule.

Sein Nachfolger Dr. Werner Pohl hält es genauso. Unter der neuen, rechtlichen Form einer „Gesellschaft Spanische Reitschule-Gestüt Piber" entstehen derzeit interessante Pläne zur wirtschaftlichen Belebung der beiden Betriebe, auch weit reichende Renovierungen und Ergänzungen sind geplant oder zum Teil schon realisiert.

Von der Weide zur Levade

Auch dem Lipizzaner ist die hohe Schule nicht angeboren, selbst wenn ihm die Natur die Veranlagung dafür in die Wiege legt: Der Weg zur hohen Schule ist lang und hart. Die jungen Hengste werden bereits in Piber bezüglich ihrer möglichen Verwendung in Wien beobachtet. Die Bereiter, welche einen Pferdebuben zugewiesen bekommen, fahren öfter in die Steiermark hinunter, um sich den Nachwuchs genauer anzusehen. Schon jetzt erkennt man bei einigen ihre besondere Veranlagung, eine herausragende Persönlichkeit oder besonders schöne Bewegungen. Überzählige Pferde oder jene, die keine hervorstechenden Talente erkennen lassen, werden möglichst frühzeitig ausgemustert und an Privatpersonen verkauft. Auch nach den ersten beiden Ausbildungsabschnitten an der Schule selbst wird nochmals selektiert und ausgemustertes Material zum Verkauf angeboten, nur absolute Spitzenhengste nehmen schließlich an Vorführungen teil.

Alljährlich, im späten Oktober, werden dann rund fünf bis zehn Remonten (Nachwuchspferde) nach Wien überstellt. Sie kommen gerade halfterführig dort an, werden ein paar Wochen nur freilaufend in der Halle bewegt und lernen so die neue Umgebung kennen.

Behutsam werden sie vorbereitet, lernen angebunden auszuharren, machen mit Kappzaum, Gurt und Longe Bekanntschaft. Dann beginnt eine grundlegende Phase der Ausbildung, das Longieren. Je nach Veranlagung wird die Remonte zwischen acht und zwölf Wochen systematisch gymnastiziert, wozu zwei Bereiter nötig sind, ein Longen- und ein Peitschenführer. Schwung, Takt und Losgelassenheit im weitgehend natürlichen Gleichgewicht werden so erreicht und grundlegender Gehorsam und Vertrauen des Hengstes in den Menschen etabliert.

Und dann ist es soweit, der Moment des eigentlichen Zureitens ist da! Er verläuft viel weniger spektakulär als der Laie glaubt, der diesen Vorgang nur aus Westernfilmen kennt. Ein Bereiter hält den Hengst am Kappzaum, ein zweiter steht neben dem Sattel und ein dritter hebt diesen langsam in die Höhe, sodass er sich über den Sattel legen kann.

Nach ein paar Wiederholungen hat sich das Pferd an das Gewicht und den hochaufragenden Schatten am Rande seines Gesichtsfeldes gewöhnt. Der Reiter gleitet nun in den Sattel und der Hengst wird weiter longiert. Ein paar kleine Bocksprünge darf er schon machen – aber dann ist alles vorbei. In einigen Wochen hat er sich unter dem Reitergewicht neu ausbalanciert, kennt die simplen Schenkel- und Zügelhilfen und hat sich in seine neue Aufgabe gefügt.

Nun beginnt die Phase des Geradeausreitens. Die Remonte wird auf großen Linien schwungvoll vorwärts geritten und die jedem Tier eigene natürliche Schiefe wird sorgsam korrigiert: Die jeweiligen Hinterhufe treten bald auch auf gebogener Linie stets in die Spuren der Vorderhufe. Die Haltung bleibt natürlich, bei nur leichter Anlehnung an das Gebiss.

Wenn das Ziel der Grundausbildung erreicht ist und der Hengst in allen drei Grundgangarten im Arbeitstempo taktrein, schwungvoll, losgelassen und gehorsam vorwärts geht, dürfen die talentierteren Remonten an der ersten Programmnummer jeder Vorführung der Spanischen Reitschule, den so genannten „Jungen Hengsten", teilnehmen und sich dem Publikum mit jugendlichem Charme präsentieren.

Im folgenden Ausbildungsabschnitt, dem Campagnereiten, wird die Anlehnung verstärkt, das Untertreten der Hinterhand gefördert, die Tempi werden variiert und die Figuren zunehmend komplizierter. Zirkel und Volten werden geritten, die erhöhte Versammlung, Biegung, Stellung und schönes Gleichgewicht verlangen, auch die Übergänge zwischen den Gangarten und den Tempi werden perfektioniert. Behutsam beginnt der Bereiter am Ende des zweiten Jahres, den seitwärts treibenden Schenkel einzusetzen und die lösenden Übungen mit dem Schulterherein einzuleiten, als Vorbereitung auf die Seitengänge.

Auch die Arbeit an der Hand nimmt nun ihren Anfang, sie ist ja ein Markenzeichen der Spanischen und wird hier gewissenhaft gepflegt. Der junge Hengst lernt, in Halbtritten vermehrt sein Gewicht mit den gebeugten Hanken zu tragen, und wird so unmerklich auf die

Seitengänge, wie hier eine Traversale, sind ein wesentlicher Bestandteil der langjährigen Ausbildung eines Lipizzanerhengstes.
Foto: Henric F. J. Brabec d'Ipra

Piaffe vorbereitet. Diese muss er bereits an der Hand beherrschen, ehe er erstmals in die Pilaren gestellt wird, jene beiden Säulen in der Bahnmitte, zwischen denen höchste Versammlung abverlangt wird.

Bis zum Ende des Campagnereitens unterscheidet sich die Ausbildung an der Spanischen nur durch ihre Gründlichkeit, Geduld und Perfektion von der eines herkömmlichen Dressurpferdes für den Turniereinsatz. Der dritte und letztlich für den Schulhengst wichtigste Abschnitt folgt erst jetzt: die hohe Schule. Versammlung und Ausstrahlung werden bis zur erreichbaren Grenze gefördert und der Bereiter erkennt noch einmal, ob der Hengst das Zeug zu einem Star hat oder nicht.

Pirouetten, Traversalen, Changements, Piaffen und Passagen muss er perfekt beherrschen – aber wird er auch die Schulen über der Erde perfekt erlernen? Denn sie sind es, für die der Lipizzaner wie geschaffen ist, die ihm quasi angezüchtet wurden, durch die Verwendung der besten Springer als Vatertiere während vieler Jahrhunderte. Dennoch zeigen längst nicht alle Hengste eine deutliche Veranlagung zu einem oder mehreren der Schulsprünge; es bleiben aus jedem Jahrgang immer nur ein paar Spezialisten übrig, welche die extrem lange Ausbildung rechtfertigen.

Die Schulen über der Erde

Die Schulsprünge werden in Wien in der klassischen Form gezeigt, wenn auch längst nicht mehr das ganze Repertoire. Früher gab es neben der Levade, Courbette und Kapriole noch die

Die tief gesetzte Levade ist die Grundfigur für alle Schulen über der Erde. Foto: Henric F. J. Brabec d'Ipra

In der Courbette springt das Pferd aus der hohen Levade (Pesade) auf den Hinterbeinen mehrere Sprünge vorwärts.
Foto: Henric F. J. Brabec d'Ipra

Pesade, das Mezair, die Ballotade, die Croupade und die französische Kapriole sowie auch noch einige andere seltene Figuren mehr – heute jedoch konzentriert man sich in Wien auf „die großen Drei“:

Die Levade ist ein Erheben der Vorhand des Pferdes, das dabei auf den extrem gebeugten Hanken balanciert. Gute Levadeure harren etliche Sekunden in dieser sehr kräfteraubenden Stellung aus. In den Tagen der Reiterkämpfe deckte so das Pferd mit seinem eigenen Körper den Reiter vor den Waffen der Feinde ab.

Die Courbette ist ein mehrmaliges Vorspringen auf den Hinterbeinen, in der Haltung einer hohen Levade (Pesade), ohne zwischen den einzelnen Sprüngen den Boden mit den Vorderhufen zu berühren. Das Kriegsross half so dem Reiter, aus einem Handgemenge zu entkommen.

Die Kapriole (der Ziegensprung; capra: Ziege) ist ein Hochspringen am Ort mit allen vier Beinen zugleich und einem kräftigen Ausschlagen der Hinterhufe, dem so genannten Streichen, vor der Landung. So erwehrte sich der Kavallerist einst seiner ihn von hinten angreifenden Feinde.

Alle Schulsprünge werden zuerst an der Hand, dann bei Bedarf in den Pilaren und erst zum Schluss unter dem Reitergewicht gelehrt und in Wien aus der Piaffe entwickelt. Sie sind keineswegs künstliche Figuren oder Tricks, sondern eine Weiterentwicklung völlig natürlicher Bewegungsabläufe, die alle Pferde auf der Weide in simpler Form zeigen.

In der Kapriole springt das Pferd hoch in die Luft und streicht mit den Hinterbeinen.
Foto: Henric F. J. Brabec d'Ipra

Dunkelbrauner Reitfrack, hirschlederne Reithosen, hohe Schaftstiefel und Zweispitz bilden die Alltagskleidung der Bereiter der Reitschule in Wien.
Foto: Henric F. J. Brabec d'Ipra

Zweispitz und Frack

Ein Institut wie die Spanische Reitschule macht natürlich keine Modetorheiten mit, sondern zeigt auch in der Kleidung der Reiter und dem Sattelzeug Traditionsverbundenheit. Die Wiener Bereiter tragen einen einfach geschnittenen, dunkelbraunen Reitfrack, hochgeschlossen und mit doppelter Knopfleiste. Stil und Schnitt stammen aus der Empire-Epoche zu Beginn des 19. Jahrhunderts, einzig das Material betreffend wird heute ein Zugeständnis gemacht, es ist ein moderner, pflegeleichter Terylene-Stoff. Das Futter der langen, halbrunden Schöße ist aus Kunstleder und daher abwaschbar, so kann es leicht vom Pferdeschweiß gereinigt werden. Im Futter des linken Frackschoßes befindet sich eine kleine, verborgene Tasche, in der die zur Belohnung notwendigen Zuckerstücke aufbewahrt werden. So mancher Zuschauer hat sich schon gefragt, warum – besonders bei der Arbeit an der Hand – der Bereiter oft unter den Frackschoß greift und gleich darauf der Hengst genüsslich kaut – dann hat er soeben eine Belohnung für eine gute Lektion erhalten.

Der Waffenrock der Galauniform ist aus rotem Kammgarn und im traditionellen Uniformstil der Monarchie gehalten, mit goldenen Epauletten und Borten sowie geradem unteren Abschluss. Im Winter wird je nach Bedarf ein brauner Uniformmantel getragen, allerdings nie zu Pferd.

Als Kopfbedeckung dient ein schwarzer Zweispitz aus Filz mit einer schrägen Goldborte an der Stirnseite, deren Breite Auskunft über den Rang seines Trägers gibt. Dieser Zweispitz wird übrigens immer quer getragen, die Spitzen zeigen nach den Seiten. Anders bei der in der Öffentlichkeit selten gesehenen Galauniform, deren Zweispitz der Länge nach aufgesetzt wird und eine senkrechte Goldborte aufweist, die für alle Dienstgrade gleich breit ist.

Naturweiße, hirschlederne Reithosen und schwarze Reitstiefel mit einem für Wien charakteristischen hohen Knieteil sowie weiße Rehlederhandschuhe vervollständigen den Anzug, der sowohl in der Ausbildungsarbeit als auch in den Vorführungen getragen wird. Zu Pferd ermöglichen Schwanenhals-Sporen mit glatten Rädern eine präzise Hilfengebung, ohne die Fer-

Die Gala-Ausrüstung eines Oberbereiters der Spanischen Hofreitschule – inklusive der einfachen Birkengerte, die in Wien Tradition hat. Foto: Henric F. J. Brabec d'Ipra

sen hochziehen zu müssen. Zur Galauniform hingegen trägt man weiße, gerade geschnittene Cordhosen und schwarze Zugstiefeletten mit kleinen Anschlagsporen.

Als Gerte findet ausschließlich eine leichte Birkenrute Verwendung, die sich jeder Reiter selbst suchen und schneiden muss. Diese Naturgerten sind nicht nur ein Zeichen der Bescheidenheit, die eine Tugend jedes Reiters sein sollte, sondern eignen sich auch besser als jedes Kunstmaterial zur korrekten Hilfengebung. Die Reiter hüten ihre Gerten eifersüchtig, denn es ist gar nicht so leicht, ein ideales Zweiglein im Wienerwald zu finden – Birken sind selten geworden.

Schulsattel und Schabracke

Der Sattel, der in der Spanischen Hofreitschule Verwendung findet, ist eine modifizierte Form des spanischen Schulsattels, der wiederum auf den Stechsattel der Renaissance zurückgeht. In der heutigen Form weist er allerdings einen niedrigen Hinterzwiesel auf, der die Form eines runden Wulstes hat und nicht die einer Lehne. Auch der Vorderzwiesel ist zu einem niedrigen halbrunden Wulst zurückgebildet. Der Sattel ist ganz mit naturweißem Hirschleder überzogen und hat runde Blätter, unter denen die Bügelriemen liegen. Hinter dem Hinterzwiesel sind beidseitig kleine Lederschlaufen angebracht, mit welchen die Steigbügel bei den

Bei den Schulen über der Erde werden die Steigbügel am Sattel hoch gebunden, um das Pferd nicht zu behindern. Foto: Henric F. J. Brabec d'Ipra

Schulen über der Erde hochgebunden werden. Schweifriemen sind zum Schulsattel obligatorisch, ein Vorderzeug kommt in Kombination mit dem Galazaum zur Verwendung. Die Herstellung dieser teuren und exquisiten Maßanfertigungen obliegt einer österreichischen Sattlerei, die jedem Schulhengst seinen optimalen Sattel anmisst.

Derartige Sättel sind zwar weder besonders bequem zu sitzen noch aufgrund ihrer Eigenschaften für den modernen Turniersport geeignet, doch zwingen sie dem Reiter jene vollkommene Körperbeherrschung ab, welche die Wiener Schule auszeichnet. Als Weiterentwicklung des ehemaligen Schulsattels genießen sie in Wien, wie auch in Saumur und Jerez, den Status eines traditionellen und stilreinen Bestandteiles der Ausrüstung.

Jenen Hengsten, welche die Kapriole springen, wird der Schweif in einer so genannten Schweiftasche hochgebunden, damit er sich beim Streichen nicht in den Hinterbeinen verfangen kann. Diese Taschen sind Lederfutterale mit einer kunstvollen Verschnürung. Beim Aufschweifen wird der zu einem Zopf geflochtene Schweif auf etwa ein Drittel seiner Länge zusammengelegt und dann in die Tasche eingebunden.

Die Form der Bügel ist altmodisch, stark gerundet und mit weitem, offenem Tritt; Bügeleinlagen werden nicht verwendet.

Zur Morgenarbeit und für die jungen Hengste im ersten Ausbildungsjahr werden handelsübliche Sportsättel verwendet. Die Bereiter dürfen ihre eigenen Sättel verwenden, die meist von führenden deutschen oder österreichischen Herstellern stammen.

Mit dem Schulsattel findet stets eine Schabracke Verwendung, die entweder dunkelgrün mit goldenen Borten ist (zum schwarzen Zaum), oder rot mit goldenen Borten (zum goldenen Zaum), und die zugleich ein Rangabzeichen darstellt. Eleven und Bereiteranwärter, sofern sie auf dem Schulsattel zu reiten kommen, verwenden die gleichen Schabracken wie die Bereiter, mit einer schmalen und einer breiten Borte rundum. Oberbereiter verwenden eine solche mit drei Borten: schmal – breit – schmal. Dem Leiter der Schule steht eine ebensolche zu, allerdings bei der Galaschabracke mit gedrehten Goldfransen an der äußeren Borte.

Bei der Arbeit am langen Zügel trägt der Hengst eine rechteckige Schabracke mit breiter Doppelborte und beiderseits einem großen gestickten Doppeladler, dem österreichischen Wappentier. Sein Zaum besteht aus einem einfachen Trensenzaum mit Knebeltrense und hannoverschem Nasenriemen, in Rot und Gold gehalten.

Kappzaum und Kandare

Bei der Longenarbeit wird in der Spanischen Reitschule stets ein Kappzaum eingesetzt, der in einer einfachen, aber sehr wirksamen Form vom Sattlermeister der Schule hergestellt wird. Die Besonderheit dieses Modells ist der starre Nasenbügel ohne Scharniere, so wie er auch in Spanien, seinem Ursprungsland, heute noch als „Serreta", dort allerdings oftmals mit scharfen, ungepolsterten Innenkanten, zum Einsatz kommt. In Wien ist der Nasenbügel des Kappzaums hingegen stets unterlegt!

Der Galazaum der „Spanischen" besticht durch goldfarbene Beschläge und eine plattierte S-Kandare mit Unterlegtrense. Foto: Henric F. J. Brabec d'Ipra

Dazu kommt eine weiße Gurtlonge oder für die Arbeit an der Hand ein kürzerer Handzügel. Die Ausbinder sind stets ohne elastische Einlagen, wie zum Beispiel Gummiringe, gefertigt und werden jedem Hengst in der Länge individuell angepasst.

Die Arbeit der Junghengste und die ersten Abschnitte der Campagneschule erfordern den so genannten Wischzaum, einen einfachen Reitzaum mit hannoverschem Nasenriemen und Knebeltrense sowie glatten Zügeln. Die einfach gebrochene Knebeltrense in der individuell erforderlichen Dicke ist das einzige erlaubte Gebiss während des ersten Ausbildungsstadiums. Jegliche Art von Schnickschnack ist strengstens verpönt, nur der Schlaufzügel wird selten und sehr vorsichtig eingesetzt, wenn ein Hengst dies unbedingt erfordert. Die fortgeschrittene Arbeit erfolgt auf Kandare. Vom Kandarenzaum existieren zwei Ausführungen, eine schwarze, einfache und eine mit goldfarbenen Beschlägen als Galazaum. Die schwarze Kandare findet immer bei den Schulen über der Erde und an der Hand Verwendung, die plattierte Galakandare bei den Quadrillen und Hauptnummern auf der Erde. Als Gebiss kommt immer eine nach barockem Muster reich verzierte S-Kandare mit Unterlegtrense zur Anwendung.

Die Zügelführung wird in Wien nach klassischer Manier 3:1 gepflegt, der Reiter hält also die beiden Stangenzügel und den linken Trensenzügel in der linken Faust, den rechten Trensenzügel und die Gerte in der rechten, wobei die Gerte aber bei Bedarf auch gewechselt wird.

Im Rampenlicht

Eine Vorstellung der Spanischen Reitschule besteht aus mehreren Programmpunkten und dauert rund anderthalb Stunden. Erst mit der Übernahme des Institutes in die Erste Republik wurden solche Gesamtbilder der Ausbildung öffentlich zugänglich, zuvor blieben sie dem Kaiserhaus und seinen Gästen vorbehalten.

Beleuchtungseffekte und Musikuntermalung sind den Anforderungen des Tourismus angepasst, doch stets geschmackvoll und zurückhaltend. Die Musik ist ein wesentliches Element im Gesamteffekt und unterstreicht in Takt, Rhythmus und Manier die jeweiligen Nummern. Im Folgenden sei ein typischer Ablauf einer öffentlichen Vorstellung der Spanischen Reitschule skizziert :

1. Junge Hengste
Acht etwa fünfjährige Remonten werden in den Grundgangarten schwungvoll auf langen Linien gezeigt. Takt, Losgelassenheit und Schwung stehen im Vordergrund, Verkürzung und Versammlung werden nicht verlangt. (Musik: *Festlicher Einritt* von L. Riedinger)

2. Alle Gänge und Touren der hohen Schule
Vier ausgebildete Hengste zeigen die Lektionen auf der Erde. Piaffe, Passage, Traversalen, Galoppwechsel, Pirouetten, Verstärkungen und hohe Versammlung werden in Perfektion geboten. (Musik: *Annenpolka* von J. Strauß Vater; *Aus eigener Kraft* von T. Ruprecht; *Grenadiermarsch* von J. Wiedemann)

3. Pas de Deux
Zwei Hengste bieten schwere Lektionen der hohen Schule in einem besonders anspruchs-

Die Schulen über der Erde an der Hand (wie hier die Levade) stellen an Pferde sowie Bereiter allerhöchste Ansprüche. Foto: Henric F. J. Brabec d'Ipra

vollen, genau spiegelbildlichen Programm, das in seiner Gesamtheit an ein Ballett höchster Kunstfertigkeit erinnert und durch Musikalität, Gleichklang und Exaktheit besticht. (Musik: *Symphonie Nr. 40* von W. A. Mozart)

4. Arbeit an der Hand

Sechs bis acht Hengste zeigen die Lektionen der hohen Schule auf der Erde und über der Erde. Sie sind mit Kappzaum, Führzügel oder Longe ausgerüstet, ihre Ausbilder schreiten zu Fuß neben oder hinter ihnen her. Die Hilfengebung erfolgt allein durch die erwähnten Ausrüstungsgegenstände und die Gerte oder Peitsche. Gezeigt werden Levade, Courbette, Kapriole sowie die Piaffe-Arbeit in den Pilaren. (Musik: *Menuett* von L. Boccherini)

Der perfekt ausgebildete Schulhengst zeigt alle Lektionen ohne Reiter am langen Zügel.
Foto: Henric F. J. Brabec d'Ipra

5. Am langen Zügel

Ein besonders gehorsamer Hengst absolviert die Lektionen auf der Erde, nur mit Trense, langem Zügel und Schabracke ausgerüstet. Der knapp hinter ihm gehende Bereiter gibt die Hilfen allein durch den Zügel und leichte Gertenhilfen. Der Hengst muss extrem sensibel und durchlässig sein. (Musik: *Pariser Einzugsmarsch* von Walch; *Schönfeldmarsch* von C. M. Ziehrer; *Regimentskinder* von J. Fucik)

6. Schulen über der Erde

Vier Hengste zeigen alle Schulsprünge in klassischer Form unter dem Reiter. Die Bereiter müssen diese traditionell ohne Bügel aussitzen.

Die große Schulquadrille: Das Ballett der voll ausgebildeten Schulhengste fasziniert seine Betrachter stets aufs Neue durch Leichtigkeit und Präzision. Foto: Henric F. J. Brabec d'Ipra

Levade, Courbette und Kapriole werden aus der Piaffe entwickelt. (Musik: *Wiener Blut* von J. Strauß Sohn)

7. Schulquadrille
Das klassische Ballett der weißen Hengste, ausgeführt von acht Pferden in größter Disziplin, denn die Halle ist relativ klein. Präzises, versammeltes Reiten im absoluten Gleichklang ist nötig und verleiht der Nummer ihre Feierlichkeit. (Musik: *Arlesienne-Suite* von G. Bizet; *Polonaise* von F. Chopin; *Gavotte* von L. Riedinger; *Galopp Passacaglia* von L. Riedinger; *Prinz-Eugen-Marsch* von A. Leonhardt)

Sowohl Fachleute als auch reiterliche Laien werden von dem herrlichen Spektakel immer wieder in eine andächtige Stimmung versetzt, zu der auch die Architektur des Saales, die klug zusammengestellte Musik und die animalische Wucht der Hengste beitragen. Man soll hier nicht kritisieren, das tun die Oberbereiter nach

Ein intimer Einblick in das tägliche Leben der „Herren Lipizzaner" in der Wiener Stallburg.
Foto: Henric F. J. Brabec d'Ipra

jeder Vorstellung ohnedies – als Teil des nie endenden Strebens nach Perfektion. Nein, man muss das Gesamtkunstwerk in sich aufnehmen und darf nie vergessen, wie wunderbar es ist, so viele Reiter derart korrekt auf so vielen perfekt ausgebildeten Hengsten an einem Platz zu finden. Was für eine bemerkenswerte Gleichung in der Arithmetik der Reitkunst!

Das Lipizzaner-Museum

Da die Nachfrage nach allem, was mit den Kaiserschimmeln zu tun hat, stets anstieg und seit einigen Jahren aus Gründen der Hygiene die Stallungen nicht mehr betreten werden dürfen, wurde vor kurzem ein Ersatz und damit ein Anlaufpunkt für begeisterte Lipizzaner-Freunde aus aller Welt geschaffen. Seit November 1997 besitzt Wien sein längst überfälliges Lipizzaner-Museum.

Die leer stehenden Räume und Gewölbe der ehemaligen Hofapotheke, die seit einiger Zeit als Erweiterung der Spanischen Reitschule im Gespräch waren, wurden einer neuen Bestimmung übergeben. Unter dem für die Schönbrunner Wagenburg zuständigen Historiker und Kurator, Hofrat Dr. Georg Kugler, und in Zusammenarbeit von Reitschule und Kunsthistorischem Museum Wien wurde eine informative Dauer-Ausstellung geschaffen, die ganz dem Lipizzaner, seiner Geschichte und der Wiener Reitschule gewidmet ist. Sie dokumentiert die bewegte Geschichte der Rasse von ihren Anfängen im slowenischen Lipizza über die kritischen Kriegsjahre bis hin zur Gegenwart. Gemälde, Dokumente, Sattelzeug aus allen Epochen, Uniformen, historische Fotografien und vieles mehr führen den Besucher durch die Jahrhunderte, während die auf zahlreichen Monitoren gezeigten Dokumentarfilme das Heute erklären.

Zwei verspiegelte, schalldichte Fenster gewähren Einblick in das Privatleben der Herren Lipizzaner. Durch sie kann man die Pferde beobachten, eventuell auch der Fütterung und dem Aufsatteln beiwohnen, während die Hengste den Beobachter weder sehen noch hören können und daher vom Museumsbetrieb unbelästigt bleiben.

Natürlich besitzt das Museum auch einen eigenen Lipizzaner-Shop, in dem der suchende Tourist alles an Kunst und Kitsch erstehen kann, was mit den Kaiserschimmeln zu tun hat. Die berühmten Porzellanfiguren der Manufaktur Augarten erheben sich in ewiger Levade, in kleinen Plastikkuppeln schneit es auf einen sich unwillig bäumenden Lipizzaner herab, Krawatten und Baseballkappen mit „Kaiser-Schimmel" weisen den Träger als Freund barocker Reitkunst aus, während ein reiches Büchersortiment dem Wissensdurstigen Linderung verschafft.

Der Eingang zum Museum befindet sich gleich links neben dem Tor zu den Stallungen. Ein Besuch des Museums sei dem Interessierten unbedingt empfohlen, denn in solcher Reichhaltigkeit wird er nirgendwo sonst vergleichbares Material vorfinden.

Danksagung

Auch wenn die Idee zu einem Buch oft dem Kopf nur eines Menschen entspringt, sind an der praktischen Realisierung des Projektes meist mehrere Personen beteiligt, die durch Bereitstellung von Fotos, Informationen oder Quellen mithelfen. Andere erzählen aus ihren Erfahrungen, geben Anregungen oder üben konstruktive Kritik.

So war es auch bei dem vorliegenden Buch, deshalb sei hier allen jenen Personen und Institutionen ausdrücklich gedankt, die zu seinem Gelingen beigetragen haben, darunter:

Spanische Reitschule Wien
und Lipizzaner-Museum Wien,
Hofrat Dr. Heinrich Lehrner,
Hofrat Prof. Dr. Jaromir Oulehla,
die Oberbereiter Arthur Kottas-Heldenberg
und Johann Riegler,
die Bereiter Andreas Harrer
und Andreas Hausberger,
Sattlermeister Desmond O'Brien,
Komm.-Rat Ernst Kugler,
Peter Blaha,
Christiane Slawik,
Henric Brabec d'Ipra,
Hans Brabenetz,
Jasper Nissen,
Helke Wendl,
Dr. Norbert Zalis,
Ing. Alfred Pischler,
Hubert Scherz
und viele andere.

Mein besonderer Dank gilt Brigitte Millan-Ruiz, die als Lektorin vorzügliche Arbeit leistete und viel zum Gelingen dieses Buches beitrug.

Martin Haller

Anschriften:

Spanische Reitschule Wien
Michaelerplatz 1
A-1010 Wien
Tel.: 0043 1 5339031
www.spanische-reitschule.com

Lipizzan International Federation (LIF)
c/o European Riding College
Rue de Bierghes 1
B-1430 Rebecq
Tel.: 0032 3452 7547
www.lipizzaninternationalfederation.com

Internationale + Österreichische
Lipizzaner Union
Komm.-Rat Ernst Kugler
Schloßgasse 6-8
A-2460 Bruck/Leitha
Tel.: 0043 2162 68196
www.internationale-lipizzaner-union.com

Verband der Lipizzanerzüchter in Österreich
Karl Reiter
Posthotel Achenkirch
A-6215 Achenkirch
Tel.: 0043 5246 6205
www.lipizzaner.net

Lipizzaner Zuchtverband Deutschland e.V.
Kirchstraße 6
D-76879 Essingen
Tel.: 0049 6347 2616
www.lipizzanerzuchtverband.de

Lipizzanerzüchter im Verband der Züchter
der Spezialpferderassen in Bayern e.V.
Peter Lewandowsky
Veiter Berg 16
D-97294 Unterpleichfeld/Hilpertshausen
Tel.: 0049 9367 2434
www.lipizzanerzuechter.de

Gestüt Piber
Bundesgestüt Piber
A-8580 Köflach
Tel.: 0043 3144 3323
www.piber.com

Gestüt Lipizza
Kobilarna Lipica
Lipica 5
SLO-6210 Sezana
Tel.: 00386 5 739 1580

Gestüt Topolcianky
Národny Zrebcin
Parková ulica 13
SK 95193 Topolcianky
Tel.: 00421 9055 73431

Gestüt Djakovo
V. Nazora 2
CR-43400 Djakovo
Tel.: 00385 3181 3286

Gestüt Szilvásvárad
Park utca. 13
H-3348 Szilvásvárad
Tel.: 0036 36 564 000
www.nexus.hu/hegyipanzio/fatja1.htm

Gestüt Simbata de Jos
Societatea Nationala
Cai de Rasa (cai Liptana)
B-dul Ion Ionescu de la Brad 4
Sector 1, cod 4592
RO-Bukuresti
Tel 004021 231 31 59

Lipizzanermuseum Wien
Reitschulgasse 2
A-1010 Wien
Tel: 0043 1 525 24 416
www.lipizzaner.at

Weiterführende Literatur

Ackerl, Franz; Lehmann, Arthur-Heinz:
Die edlen Lipizzaner,
Duncker, Weimar 1942

Bencevic, Zvonko:
Die weißen Pferde von Lipica,
Stocker, Graz 1968

Brabenetz, Hans:
Das k.k. Staatsgestüt Radautz,
ISG-Verlag, Gerlikon 1987

Bundesministerium f. L.F.W. (Hrsg.):
Die Spanische Reitschule Wien,
Wien 1965

Dolenc, Milan:
Lipica, Mladinska knjiga,
Ljubljana 1980

Dossenbach, Monique u. Hans:
Ungarns Pferde,
Hallwag, Bern 1976

FENA (Hrsg.):
Pferderevue,
Wien, Jahrgänge 1992, 1993, 1995

Gassebner, Hermann:
Die Pferdezucht der ö-u. Monarchie,
Hof- und Staatsdruckerei, Wien 1896

Handler, Johann:
Die Spanische Hofreitschule zu Wien,
Molden, Wien 1972

Isenbart, Hans-Heinrich; Bührer Emil:
Lipizzaner – das kaiserliche Pferd,
Engelhorn, Stuttgart 1986

Koch, Ludwig,
Die Reitkunst im Bilde,
Olms, Hildesheim 1982

Kugler, Georg:
Lipizzaner,
Bonechi u. Styria, Florenz /Graz 2002

Kugler, Georg; Biehl Wolfdieter:
Die Lipizzaner der Spanischen Hofreitschule,
Pichler Verlag, Wien, 2002

Lehrner, Heinrich:
Lipizzaner heute,
Limpert u. Österreichischer Bundesverlag,
Bad Homburg/Wien 1980

Nürnberg, Heinz:
Der Lipizzaner,
Westarp Wissenschaften,
Magdeburg/Essen 1993

Nürnberg, Heinz:
Auf den Spuren der Lipizzaner,
Olms, Hildesheim 1998

Oulehla, Jaromir; Mazakarini, Leo;
Brabec d'Ipra, Henri:
Die Spanische Reitschule zu Wien,
Orac, Wien 1986

Oulehla, Jaromir:
Habilitation 1997

Podhajsky, Alois:
Die Spanische Hofreitschule,
Holzhausens Nfg., Wien 1964

Reuter, Wolfgang:
Die Lipizzaner und die Spanische Reitschule,
Pinguin, Innsbruck 1968

Zalis, Norbert:
Wie ein Gestüt lebt,
Panorama, Prag 1993